헤라클레스가 에니어그램을 알았더라면

인간학의 원전, 그리스 신화에서 건져 올린
9가지 유형의 인생이야기

수희향 지음 **이제희 · 최지은** 일러스트

일러두기

1. 이 책에서 인용한 인명 및 지명은 그리스 신화에 준하고 있습니다.
2. 이 책에서 소개하는 그리스 신화는 각 유형별 성장과정에 맞게 재구성하였습니다.

헤라클레스가
에니어그램을
알았더라면

프롤로그

호메로스에 의해 쓰여졌다고는 하나 사실은 수많은 구전 시인들에 의해 축적된 이야기라고 일컬어지는 그리스 신화 속에는 수많은 인물과 그들의 인생 이야기가 펼쳐진다. 그중에서도 압권은 인간 못지않게 선과 악을 넘나드는 신들과 현대인들도 가슴 뛰게 만드는 영웅들의 이야기일 것 같다.

그런데 이들의 이야기를 가만히 읽다 보면 고대의 신과 영웅들의 삶이 현대인들의 인생 스토리와 별반 다르지 않음을 알 수 있다. 물론 제우스가 아내인 헤라 몰래 백조로 변신하여 바람을 피우는 건 다분히 허구가 가미된 이야기이지만 백조로의 변신을 상징으로 받아들이고 이야기의 맥락을 살펴보면 현대인들의 이야기와 별반 다르지 않다.

게다가 그리스 신화에 등장하는 신과 영웅들은 보통의 우리들처럼 실수도 하고 잘못도 저지른다. 어딘가 권위가 없어 보이지만 그래서 더 친근함을 느끼며 점점 더 신화 속으로 빠져들게 만드는 매력이 아닐까 싶다. 그렇게 내 이야기 같기도 하고, 내 이웃의 이야기 같기도 한 신화 속으로 빠져들던 어느 날 문득 놀라운 사실을 발견하게 되었다.

그리스 신화 속 인물들의 인생 이야기가 놀라우리만치 에니어그램에서 말하는 9가지 유형의 삶과 일치한다는 사실이다!

퍼뜩 에니어그램이 고대로부터 (에고를 극복하고) 깨달음으로 나아가는 수행 방편에서 시작되었음이 떠오르며 그리스 신화가 시인들이 상상으로 만들어낸 이야기가 아니라 실존했던 여러 다양한 인간 군상들을 모델로 한 이야기라는 확신이 들었다. 예를 들면 에니어그램의 8유형 장형 외향인 헤라클레스의 이야기를 읽다 보면 8유형의 강점은 물론이고 단점이 그의 인생을 어찌 위험에 빠뜨렸는지까지도 8유형의 인생 그대로였다.

아마 이때였던 것 같다. 서구 문명의 보고라 일컬어지며 글쟁이가 되기 위해서는 한 번쯤은 훑고 지나가야 한다는 약간의 의무감 비슷한 것으로 읽기 시작하여 그 스토리에 조금씩 빠져들던 그리스 신화를 본격적으로 공부해야겠다 결심한 순간이. 그런데 읽으면 읽을수록 9가지 유형들의 스토리 속에 각 유형 인생의 빛과 그림자가 너무도 도드라지게 드러나고 있었다. 세계적인 신화학자인 조셉 캠벨이 인간의 삶은 고대 신화의 세계로부터 크게 날라지지 않았다고 한 말이 무슨 뜻이었는지 다시 한번 깨달을 수 있었다.

그렇게 그리스 신화 속 인물들의 삶에 푹 빠져 에니어그램에서 말하는 9가지 유형의 삶을 건져 올렸다. 건져놓고 보니 현대 헤라클레스의 후예들이 스스로의 아킬레스건을 안다면 절대영웅 헤라클레스도 피해가지 못했던 가족살해로 상징되는 비극은 막을 수 있지 않았을까 하는 생각이 들었다. 그런가 하면 내 안으로만 자꾸 움츠러드는 현대 오이디푸스의 후예들이 오이디푸스가 어떻게 현자의 반열에 오르게되었는지 알게 된다면 자신의 무한한 가능성을 흘려버리지 않아도 될 텐데 하는 안타까움도 들었다.

이렇듯 사람들 누구라도 자신이 고대 그리스 신화 속 어떤 영웅을 닮았는지를 알아 그들이 걸어간 발자취 중 좋은 것은 취하고 위험한 건 피해가기를 바라는 마음을 한 권의 책에 담아보았다. 고대 신들과 영웅들도 하지 못했던 일을, 그들이 남긴 인생 이야기를 통해 현대인들이 자신의 삶에 거울로 삼는다면, 이것이야말로 앞서간 이들의 유산을 활용하는 가장 좋은 일이 될 것이란 생각이다. 그리하여 현대에는 더 이상, 안티고네와 크레온 왕과 같은 대립 없이 서로가 다름을 진정 포용하며함께 살아가는 조화로운 세상으로 나아가는데 아주 작은 길 하나를 보여줄 수 있기를 간절히 바라는 마음이다.

대표저자 수희향

목차

천하영웅
헤라클레스는
왜 가족을
죽였을까?

열정과 분노를 오가는 헤라클레스

열정과 분노를 오가는
헤라클레스

헤라클레스의 자기고백

" 뭐라고?! 그 아이가 결국 죽었다고? 아… 미치겠군…! 홧김에 그냥 슬쩍 밀친 것뿐인데 죽다니…! 뭔 사내놈이 그렇게 약해빠졌어, 계집애처럼! 그래도 이번에는 정말 죽일 생각은 없었어. 정말 없었다고! 천하의 영웅인 내가 그깟 물 시중 드는 아이를 죽여서 뭐하게. 정말로 죽일 마음은 없었다고. 진짜라니까! 그저 그 녀석이 제 할 일도 제대로 못하고 칠칠 맞게 물을 쏟으며 알짱거리는 게 거추장스러워서 밀친 것뿐이야. 그뿐이라고!

그래, 리노스 선생을 죽인 건 홧김에서였어. 세상에, 영웅 수업을 받는데 음악을 왜 배워야 하느냐고! 그딴 건 계집애 같은 오르페우스나 할 짓이지 천하의 사내대장부인 내가 할 일은 아니잖아! 양아버지도 참 어지간하시지. 영웅이 되려면 칼싸움이나 격투기 같은 것만 배우면 되는 거 아니야? 왜 하필 음악을 배워야 하냐고! 안 그래도 끓어 오르는 성질을 겨우 참고 배우는데. 아, 노인네 성격은 또 얼마나 깐깐한지 대충 넘어가는 법이 없어요. 완전 숨 막혀. 완전! 근데 그날은 날 때리기까지 하니 내가 어찌 참을 수 있겠냐고! 그래서 나도 엉겁결에 옆에 있던 거 아무거나 집어서 던진 건데 하필이면 그게 하프인 줄 내가 어찌 알았겠어. 그냥 정신없이 휙! 던졌는데 슝~ 날아가더니 갑자기 노인네가 푹 고꾸라지길래 아차! 싶었지. 나도 내 힘이 그렇게 센

줄 그때 처음 알았다니까! 나도 놀랐어, 나도!

근데 뭐 사실 처자식을 죽인 건 나로서도 할 말 없어. 그건 입이 열 개라도 할 말 없다고. 변명 안 해. 내 잘못인 거 백 프로 인정해. 사람들 말로는 우리 어머니가 제우스 신하고 사이에 날 낳으니까 헤라 여신이 질투해서 날 잠시 미치게 만든 거라고들 하는데, 그래도 내 잘못이지. 여신 핑계 댈 생각 없어. 남 핑계 대는 건 대장부가 할 짓 아냐. 그땐 그저 혈기왕성한 시절, 내 힘만 믿고 날뛰던 시절이었어. 지금 생각해도 참 철이 없었지….

근데 더 후회되는 건 친구였던 이피토스를 죽인 일이야. 그 녀석 참 자상하고 좋은 친구였거든. 내가 처자식을 죽였다고 사위 삼지 않으려는 제 아버지를 나 대신 설득까지 해준 아주 의리 있는 놈이었어. 사실 마누라야 다시 얻을 수 있지만 대장부로서 마음 통하는 친구는 하늘 아래 또 없으니 목숨 걸고 지켜야 하는 거잖아. 그게 남자들 의리지. 그런데 되려 내 손으로 녀석을 죽게 만들었으니… 사실 그날 너무 화가 났어. 젊은 놈이 한번 실수한 걸 가지고 에우리토스 왕이 날 자꾸 의심의 눈초리로 보며 딸을 주지 않으려는 것도 모자라 소도둑으로까지 몰아대니 어찌 화가 나지 않을 수 있겠어! 천하의 내가 소도둑이라니! 나 헤라클레스라고, 헤라클레스! 그래서 씩씩거리며 소 떼를 찾으러 절벽에 올라갔는데 그만 이피토스를 왕의 신하로 착각하고 밀어버렸지. 아무리 미치지 않고서야 내가 친구 녀석을 죽이려 했겠어. 그땐 분해서 내 정신이 아니었다고. 너무 화가 나서 눈에 아무것도 보이는 게 없었거든.

그나저나 온갖 괴물을 다 물리친 내가 이 나이에 일개 시동을 죽이다니 대장부 체면이 영 말이 아니게 됐어. 시동 아비는 실수라고 인정한다지만 내가 영 그래. 지금까지 실수로 저지른 죗값은 다 치렀다고 생각했는데 또 욱해서 사람을 죽였으니 말이야. 내가 욱하는 성미인 거 이젠 인정해. 인정한다고. 그러니 당분간 길 떠나서 다시 약한 사람들 도와주며 악당이나 물리치며 살아야겠어. 그게 나한테 젤 어울리는 거 같아. 나 헤라클레스라고, 헤라클레스!

영웅적 삶에 가려진 충동적 살해들

그리스 영웅 중에서도 인간의 몸으로 태어나 죽어서는 신의 반열에까지 오르는 영웅 중의 영웅, 헤라클레스는 신들의 왕 제우스와 알크메네라는 여인 사이에서 태어났다. 그러자 남편의 외도에 화가 난 제우스의 아내 헤라가 어린 헤라클레스를 죽이려 자고 있는 침실에 뱀 두 마리를 풀어놓았다.

커다란 뱀 두 마리는 쉬익 하는 소리와 함께 혀를 날름거리며 아기에게 다가가 목을 휘감았다. 잠을 자다 목이 갑갑하자 깨어난 아기 헤라클레스는 마치 벌레를 죽이듯 뱀 두 마리를 눌러 죽였다. 함께 자던 쌍둥이 동생이 깨어나 이 장면을 보고 자지러지게 울자 그 소리에 놀란 양부가 칼을 빼 들고 달려왔다. 그러나 헤라클레스는 천연덕스럽게 죽은 뱀 두 마리를 들고 양부를 보고 빙그레 웃었다. 간담이 서늘해진 양부가 역시 제우스의 아들은 다르다는 생각을 하게 되었다. 이때부터 양부는 헤라클레스에게 영웅 수업을 시키며 친자식 못지않게 애지중지 기르게 된다.

어릴 때부터 헤라클레스는 싸움이나 활쏘기 등의 수업은 좋아했지만 음악이나 고리타분한 공부는 딱 질색이었다. 천상 힘으로 싸우는 영웅이었다. 그중에서도 깐

깐하고 꼼꼼하기 그지없는 리노스 선생의 음악 수업을 가장 싫어했다. 그러던 어느 날, 선생이 말을 듣지 않는 헤라클레스에게 손찌검을 하자 홧김에 하프를 던져서 스승을 죽게 만들었다. 헤라클레스의 첫 번째 살인이었다. 그러나 어린 헤라클레스는 손찌검을 하는 선생에 대한 자기방어였다는 명목으로 무죄판결을 받았다.

비록 무죄 판결을 받긴 했지만 양부는 헤라클레스의 불같은 성정을 다듬고자 먼 시골로 보내어 그곳에서 교육시켰다. 어느덧 열여덟 살이 된 헤라클레스는 힘도 세고 창과 활에도 능한 그리스 최고의 사내로 성장하여 고향으로 돌아왔다. 그리고 약한 자들을 도와 악당을 물리치며 제우스의 아들로 살기로 결심한 뒤 혈기왕성한 날들을 보냈다. 먼저 키타이론 산에 무서운 사자를 홀로 때려눕히고 사자머리를 투구처럼 쓰고 마을로 돌아왔다. 이때부터 사자머리는 헤라클레스의 상징이 되었다.
한편 미뉘아이족의 왕이 테베에 부당한 조공을 요구하자 상대 도시를 함락시켰다. 이 일로 헤라클레스는 테베 왕의 딸인 메가라를 아내로 얻게 되었다. 그런가 하면 아버지 제우스 신의 요청을 받아 올림푸스 신들과 함께 거인족을 퇴치하기도 하였다. 바야흐로 젊은 영웅의 화려한 탄생이었다.

그러나 헤라클레스의 승승장구를 못마땅하게 지켜보는 여신이 있었으니, 바로 질투에 들끓는 제우스의 아내 헤라였다. 그녀는 인간의 아들 주제에 감히 신의 반열에 오를 것이라는 신탁을 받은 헤라클레스를 도저히 용납할 수 없었다. 어떻게든 제거하려 호시탐탐 기회를 엿보던 헤라는 그가 욱하는 성미가 있다는 것을 간파하였다. 힘으로는 신들도 제압하기 어려운 헤라클레스였기에 헤라는 그를 자멸시키기로 결심하였다. 그리하여 여신은 그리스 최고의 영웅이라는 이름을 떨치며 아내와 아들 셋을 낳고 부러울 것 없이 살고 있는 헤라클레스 안의 삼사년 팡기에 살며시 불을 당겼다.

그러자 헤라클레스는 충동적으로 올라오는 욱하는 성질을 다스리지 못해 이성을 잃고 처자식을 거인족으로 착각해 죽여버렸다. 잠시 뒤 흥분을 가라앉힌 영웅은 뼈저리게 후회하였지만 가족들의 시신은 이미 싸늘해지기 시작하였다. 한동안 폐인처럼 지내던 헤라클레스는 제우스의 신탁을 받들어 미케네의 왕 에우리스테우스 밑에서 그가 시키는 일을 하며 자신의 죄를 씻어내기로 결심하였다. 바로 헤라클레스를 진정한 영웅으로 거듭나게 해준 12가지 과업의 시작이었다.

"내가 시키는 건 뭐든지 하겠다는 거지? 천하의 영웅인 헤라클레스 네가?"

"그래. 신들과 그리 약속했어. 그러니 말만 해. 다 이뤄줄게."

"말만 하라고? 다 이뤄준다고? 참으로 대~단한 자신감이군. 그래, 그럼 어디 네메아의 강철로 된 사자하고 아르고스의 머리 아홉 달린 히드라를 죽여봐. 그 괴물들이 사람들을 못 살게 군다고 하니 어디 천하제일 영웅이라 뽐내는 네가 한번 처치해봐."

그러자 순식간에 두 마리 괴물을 처치하고 헤라클레스가 다시 왕 앞에 돌아왔다. 헤라클레스의 명성은 익히 알고 있었지만 이 정도일 줄은 몰랐던 왕은 내심 간담이 서늘해졌다. 하지만 왕 체면에 겉으론 드러낼 수 없어 짐짓 아무렇지도 않은 척 다음 과업을 명령했다.

"아르테미스 여신 알지? 사냥의 여신으로, 여신 중 가장 강한 분이시지. 여신님이 애지중지 아끼는 암사슴하고 멧돼지를 잡아 와."

"알았어!"

인간을 괴롭히는 괴물을 잡아 오라는 것도 아니고, 여신, 그중에서도 강력한 사냥의 여신인 아르테미스의 암사슴과 멧돼지를 잡아 오라는 데도 헤라클레스는 왜냐고 묻지도 않고 두말없이 그 자리를 떠났다. 설마 여신이 아끼는 동물은 못 잡아 오겠지 했는데, 헤라클레스가 조용한 암사슴은 품에 안고 미친 듯이 날뛰는 멧돼지는 끈에 묶어 돌아왔다. 흥분한 멧돼지를 보고 너무 놀란 왕은 행여 멧돼지 이빨에 다칠까 청동 항아리에 숨어 고개만 쏙 내밀고 다음 과업을 내렸다.

　"옆 나라에 아우게이아스 왕이 살거든. 나랑 아주 친해. 근데 그 왕이 외양간을 청소 한지가 한 30년 되었다고 하지. 그래서 이것저것 치울 게 많은가 봐. 네가 가서 좀 치워주고 와. 외양간 청소가 뭘 하라는 건지는 알지?"

　왕은 설마 영웅인 네가 이런 일까지 하진 않겠지 하는 표정으로 비릿하게 웃으며 말했다.

　"똥 치우라는 거잖아. 소똥! 알았어!"

　그랬다. 옆나라 아우게이아스 왕은 신들의 축복을 받아 3천 마리나 되는 소를 기르고 있었는데 지난 30년 동안 소똥을 한 번도 치우지 않아 그 악취가 인근을 넘어 올림푸스 신전에까지 닿을 정도였다. 아무리 그렇다고 한들 이건 도저히 영웅이 할 일은 아니었다. 그럼에도 헤라클레스는 불평 한마디 없이 쏜살같이 달려나갔다. 그는 자신이 한번 한다면 하는 그런 영웅이었다.

　이번에도 헤라클레스가 체면이고 뭐고 없이 강물을 끌어당겨 순식간에 소똥을 지우고 돌아오자 왕은 약이 올랐다. 그러자 에우리스테우스는 다음엔 사냥의 신을 넘어 전쟁의 신, 아레스가 소유한 하늘의 괴물, 스팀팔로스 호수의 새들을 죽이라

명하였다. 사냥의 신은 몰라도 전쟁의 신은 헤라클레스를 가만 두고 보지 않을 거라는 생각이었다. 헤라클레스는 이 또한 히드라의 독을 묻힌 화살로 모조리 쏘아 죽였다. 그러자 왕은 인간을 제물로 바치는 크레테의 황소와 인육을 먹는 디오메데스의 암말을 잡아 오라 하였는데 그 또한 전혀 어렵지 않았다. 다음으로 전설의 여전사족인 아마존 여왕의 허리띠를 가져오라 명하였다. 그러나 오히려 여왕이 헤라클레스에게 반했다. 헤라 여신의 이간질로 결국 여왕을 죽일 수밖에 없었으나 허리띠는 당연히 헤라클레스의 것이었다.

어떤 과업을 내려도 헤라클레스가 척척 이루어내자 급기야 왕은 그를 그리스 땅을 벗어나 유럽과 아프리카 경계에 있는 괴물, 게리온의 소 떼를 몰고 오라 하였다.

"아프리카! 소 떼! 알았어!"

"근데 아프리카가 어디 있는 줄이나 알아?"

너무 쉽게 대답하는 헤라클레스가 어처구니없어 왕이 다시 물었다.

"몰라! 그리스 끝까지 가보면 나오겠지!"

말이 다 떨어지기도 전에 헤라클레스가 낯선 곳으로 소풍 가는 아이처럼 신나서 쏭~ 하고 달려나갔다. 헤라클레스가 아프리카까지도 즐거운 모험처럼 다녀오자 에우리스테우스 왕은 이번엔 어디에 있는지도 모르는 헤스페리데스의 황금사과를 가져오라 명하였다. 그 사과는 헤라 여신이 제우스와 결혼할 때 받은 선물로 인간이 그 사과를 따면 죽게 되는 사과였다. 그러자 헤라클레스가 지략을 발휘하여 하늘을 받치고 있는 아틀라스를 대신 보내 사과를 따오게 하였다. 끝끝내 모든 과업을 다 수행하고 이제 왕에게 마지막 한 번의 기회가 남았다. 왕은 이번만큼은 인간으로서 절대 이루지 못할 거라 회심의 미소를 지으며 마지막 과업을 지시했다.

"저승에 가서 지옥문을 지키는 개 케르베로스를 데려와. 산 채로 잡아 오라고."

"지옥 개! 케로베로! 오케이!"

이번 과업만 마치면 자신의 죄가 씻어진다 생각한 헤라클레스는 저승을 다녀오라는 데도 이전보다 더욱 신나게 뛰어나갔다. 지금껏 저승에서 살아 돌아온 인간이 없다는 생각 같은 건 아예 안중에도 없어 보였다. 왕은 겁이 없는 건지, 생각이 없는 건지 케르베로스 이름도 자기 편한 대로 부르며 뛰어나가는 헤라클레스가 어처구니가 없었다. 어느 쪽이든 이번에는 살아 돌아오지 못할 거라 잔뜩 기대감에 부풀어 헤라클레스가 죽었다는 소식을 기다리고 있었다. 그런데 불쑥 헤라클레스가 왕 앞에 나타나 뭔가를 쑥 내밀었다.

"자, 지옥 개 케로베로! 이걸로 끝이다!"

"악! 치워! 치워! 어서 치우라고!"

행여 저승의 개가 자신을 데려가기라도 할까 질겁을 한 왕이 어서 치우라 소리치며 헤라클레스의 모든 과업이 끝났다고 허둥대며 선포했다.

이렇듯 12가지 과업을 이루며 자신의 죄를 씻어냄은 물론 이전보다 더욱 강한 영웅으로 재탄생한 헤라클레스는 새 출발을 하기로 결심하고 어릴 적 활쏘기를 가르쳐준 에우리토스 왕을 찾아갔다. 그곳에서 왕의 딸 이올레에게 마음이 끌려 청혼하였는데 헤라클레스가 처자식을 죽인 일을 아는 왕은 선뜻 승낙하지 못하고 주저하였다. 그러자 왕의 장남인 이피토스는 천하제일의 영웅인 헤라클레스가 여동생을 원하는 것이 너무도 좋아서 아버지를 적극 설득하였다.

그러나 왕은 여전히 결정을 내리지 못하고 머뭇거리는데 설상가상 왕이 소 떼를 도둑맞았다. 그러자 왕과 신하들은 공주를 내주지 않는 것에 대해 화가 난 헤라클레스의 짓이라고 몰아세웠다. 이에 자신을 그런 비열한 사람으로 몰고 가는 것에 격분한 헤라클레스가 소 떼를 찾으러 티린스 절벽으로 올라갔다. 이피토스 역시 헤라클레스를 뒤따라 궁을 뛰쳐나갔는데 아뿔싸, 멀리서 오는 그를 보고 헤라클레스는 왕의 신하로 착각하고 분한 김에 그만 절벽 아래로 밀쳐버리고 말았다. 12가지 과업을 완수했지만 순간 욱! 하는 성미가 다 사라진 게 아니었다.

그가 비록 천하제일의 영웅이지만 욱하는 성미로 계속해서 불명예스러운 살인을 저지르자 이번에는 신들도 그에게 신탁 내리기를 거부하였다. 결국 아버지인 제우스가 나서서 헤라클레스에게 동방의 옴팔레 여왕 밑에서 3년간 머슴살이를 하면 친구를 살해한 죄가 씻어질 거라는 신탁을 내려주었다.

영웅 중의 영웅, 헤라클레스가 왕도 아닌 여왕 밑에서 3년간 머슴살이라니! 그러나 어떡하든 살인자라는 불명예를 씻어야 했던 헤라클레스는 제우스의 신탁을 받아들이고 옴팔레 여왕에게 가서 노예가 된다. 하지만 영웅은 어디에서도 영웅인 법, 그만 옴팔레 여왕이 헤라클레스에게 홀딱 반하여 그를 자신의 남편으로 삼고 말았다. 동방의 호화스러운 생활에 빠진 헤라클레스는 여왕이 시키는 대로 여자 옷을 입고 뜨개질을 하기도 하며 향락적인 삶에 흠뻑 빠졌다. 거기다 여왕과 시녀들이 천하제일의 영웅이라고 한껏 치켜세우면, 그 울퉁불퉁한 근육질 팔다리에 보석을 휘감고 자신의 옛날 무용담을 한껏 늘어놓으며 여인들과 분위기를 맞췄다. 그러다 신탁에서 정한 3년이 지나자 어느 날 마치 마법이 풀리듯 제 정신을 차린 헤라클레스는 여왕 곁을 떠났다.

그 후 다시 그리스 전역을 돌아다니며 수많은 영웅적 업적을 쌓은 헤라클레스는 오이네우스 왕의 딸인 데이아네이라와 결혼을 하였다. 결혼 후에도 변함없이 영웅으로 이런저런 업적을 쌓으며 살던 어느 날, 장인과 식사 도중 왕의 시중을 들던 어린 소년이 실수를 하였다. 그러자 헤라클레스가 시동을 나무라며 가볍게 쳤는데 그만 죽고 말았다. 이번에야말로 특별히 격분한 것이 아닌 단순히 소년의 실수에 순간 욱해서 밀쳤을 뿐이지만 아직 어린 소년에 비해 영웅 헤라클레스의 힘이 너무 강하였다. 그런 만큼 소년의 아버지조차 실수라고 받아들였지만, 이번에는 불명예스러운 살해를 저지른 자신을 용서하지 못한 헤라클레스가 자진해서 추방형을 받아들여 길을 떠났다.

순간적인 화를 참지 못하고 또다시 불명예스러운 살인을 서시는 헤라글레스는 아내인 데이아네이라를 데리고 정처 없이 길을 떠났다. 그러던 어느 날 에우에노스

강가에 다다랐을 때였다. 헤라클레스는 혼자서도 강을 건널 수 있었지만 그의 아내는 돈을 주고 반인반마인 넷소스의 어깨에 타고 건넜다. 헤라클레스가 먼저 강을 다 건널 때쯤 뒤에 오던 아내가 넷소스에게 추행을 당해 소리를 질렀다. 이에 격분한 헤라클레스가 잽싸게 넷소스를 향해 활을 쏘았다. 넷소스는 죽어가며 데이아네이라에게 자신의 피를 간직했다 혹시 헤라클레스가 바람을 피우면 그의 속옷에 바르라고 말하고는 숨을 거두었다.

그 후에도 계속해서 영웅적인 업적을 이어가던 중, 헤라클레스는 그 옛날 딸을 주겠다고 한 약속을 지키지 않아 자신이 격분해서 친구였던 이피토스를 죽이게 만든 에우리토스왕과 대적하여 큰 승리를 쟁취하였다. 그리고 결국 옛날에 아내로 삼고 싶었던 왕의 딸, 이올레를 포로로 삼아 집으로 보냈다. 젊고 아름다운 이올레를 본 헤라클레스의 아내는 행여나 남편을 빼앗길까 불안해졌다. 문득 예전에 강을 건널 때 넷소스가 했던 말이 생각나 감추어두었던 그의 피를 헤라클레스의 옷에 바른 뒤 승전을 축하하기 위해 그에게 보냈다.

며칠 후 아들이 소리를 지르며 뛰어 들어왔다. 사실인즉 헤라클레스가 승리를 자축하기 위해 신들께 제사를 드리려고 아내가 보낸 옷으로 갈아입고 신전에 나아가 태양 아래 서자, 옷에서 독 거품이 일며 몸이 불에 덴 것처럼 경련이 일기 시작했다. 황급히 옷을 벗으려 했으나 옷은 마치 젖은 창호지처럼 온몸에 찰싹 달라붙어 뒹굴면 뒹굴수록 점점 더 몸을 옥죄었다. 그리하여 헤라클레스가 고통에 찬 비명을 지르며 죽더라도 고향에 돌아가 죽고 싶다고 절규하여 돌아오는 길이었다. 이 말을 전해 들은 데이아네이라는 너무 충격을 받아 아무 말도 못하고 자신의 방으로 사라졌다. 그러자 하인들이 아들에게 진실을 말해주었다.

이야기를 전해 들은 아들이 황급히 어머니의 뒤를 쫓아갔으나 데이아네이라는 이미 자살한 뒤였다. 이 이야기를 고통 속에 신음하는 헤라클레스에게 전해주자 그는 아내에 대한 분노를 거두고 그녀를 측은히 여기며 용서하였다. 그리고는 오래전 신탁이 예언한 대로 자신을 오이테 산꼭대기로 데려다 달라고 하였다. 산꼭대기에 다다르자 장작을 쌓고 그 위에 올라간 뒤 부하들에게 불을 지르라 명하였으나 감히 누구도 나서는 이가 없었다.

이윽고 헤라클레스의 고통을 더는 볼 수 없던 오랜 친구인 필록테테스가 눈물을 머금고 장작더미에 불을 놓았다. 장작더미에 불이 붙자 기다렸다는 듯이 하늘에서 벼락이 내리쳐 불꽃이 하늘 높이 솟아오르며 마치 산 정상이 불에 타는 것 같았다. 그리고는 천둥소리와 함께 하늘에서 뭉게구름이 내려와 헤라클레스를 하늘로 들어 올려 장작더미 위에는 한 점 재조차 남지 않았다.

죽음보다 더한 고통 속에서도 신탁을 지키려 오이테 산 정상에 올라 불꽃 속에서 마지막으로 자신의 모든 죄를 정화한 헤라클레스. 그는 결국 제우스가 예언한 대로 끝끝내 자신 안의 욕망의 불을 정복하고 신의 세계에 올랐다. 그리하여 오랜 숙적이었던 헤라와 화해하고 청춘의 여신 헤베와 결혼하여 영원불멸의 삶을 이어가고 있다.

에니어그램으로 본
헤라클레스 유형 분석

유형 특성

에니어그램으로 볼 때 헤라클레스는 세상을 이기고 지는 대결의 장으로 여기는 장형이다. 장형들은 세상을 자신의 뜻대로 하고자 하는 유형으로, 그중 헤라클레스 유형은 에너지를 밖으로 쓰는 8유형, 장형 외향형이다. 장형 외향형들은 장형 특유의 힘을 외부로 사용하며 세상을 힘으로 지배하려 한다. 그러므로 헤라클레스 유형은 세상을 향해 거침없이 달려나가는 추진력을 발휘

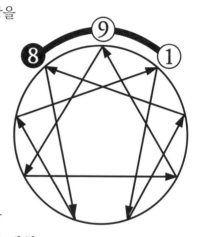

하며 수많은 업적을 이루기도 한다. 반면 세상을 향해 불도저처럼 밀고 나가며 자신의 마음대로 하려다 뜻대로 일이 풀리지 않을 경우에는 불같이 화를 내며 주변을 초토화시키기도 한다.

어린 헤라클레스는 헤라 여신이 보낸 뱀 두 마리를 어른들이 오기도 전에 자신의 힘으로 제압하는데, 이는 '공격이 최선의 방어다'를 모토로 삼는 헤라클레스 유형이 힘에 의존하는 단적인 모습을 보여주고 있다. 즉 헤라클레스 유형은 언제, 어디서든 타인의 도움을 빌거나 타협을 하기보다는 스스로의 힘으로 문제를 해결하는

것을 가장 선호한다. 이는 8유형들이 도움을 요청하거나 타협하는 것은 곧 지는 것이라는 아주 단순한 힘의 논리를 기본 메커니즘으로 삼고 있기 때문이다. 어린 시절 음악선생이었던 리노스 선생이 (스스로 생각하기에) 부당하게 체벌을 한다고 여기자 자신보다 나이나 사회적 서열이 분명 윗사람임에도 그 즉시 자신의 힘으로 해결하는 것 또한 장형 외향인 헤라클레스 유형의 전형적인 문제 해결 모습이라 할 수 있다(아마 사고형이나 감성형의 경우는 양아버지에게 도움을 요청하거나 음악이 정 싫으면 양아버지를 설득하여 음악 수업을 그만둘 가능성이 높다).

그런 만큼 헤라클레스는 인간으로 태어나 신의 반열에 오를 정도로 엄청난 추진력을 발휘하며 12가지 과업은 물론이고 심지어 신들과 함께 올림푸스 전쟁에도 참가하는데, 이는 헤라클레스 유형이 그 어떤 유형들보다 커다란 포부를 지니고 세상을 향해 호령하며 살고 싶어 하는 모습이라 할 수 있다.

한마디로 남성이라면 대장부 중의 대장부, 여성이라 할지라도 여장부 소리를 듣는 유형이다. 그런 만큼 현대 헤라클레스의 후예들도 자신이 속한 곳에서는 물론이고 낯선 곳으로 달려가 새로운 일을 개척하는 것도 전혀 힘들어하거나 마다하지 않는 추진력을 발휘한다. 다만 그 과정에서 일이 자신의 뜻대로 흘러가지 않을 때는 불같이 화를 내기도 하지만, 일단 분노가 가라앉으면 언제 그랬냐는 듯이 어린아이들처럼 장난을 치기도 하는 등 천진한 면을 보이기도 한다.

한마디로 헤라클레스 유형은 엄청난 추진력을 앞세운 행동파로서 이성적으로 생각하며 타협하거나 한걸음 물러나 때를 기다리는 것이 아니라 자신의 욕구에 따라 그 즉시 거침없이 앞으로 직진하는 돌직구 스타일이다.

긍정적 측면

불도저 같은 추진력

헤라클레스는 그리스 신화 전체를 통틀어 가장 호탕하고 장쾌한 스케일로 불멸의 업적을 남긴 영웅 중의 영웅이다. 그중에서도 헤라클레스가 처자식을 죽인 죄를 씻기 위해 12가지 과업을 이루는 과정은 8유형의 추진력과 도전정신 그리고 스케일을 잘 보여주고 있다. 처음에는 지엽적인 괴물들을 물리치는 것을 시작으로 나중에는 그리스 지역을 넘어 아프리카까지 그 범위를 확대해 가는 여정은 반드시 공간적 의미가 아니더라도 다른 유형들과는 달리 새로운 일, 낯선 일을 추진함에 있어 결코 뒤로 물러서지 않고 거침없이 도전하는 8유형의 장점을 잘 보여주고 있다.

그런가 하면 영웅 체면상 사고형이라면 뒤로 물러설 법한 소 떼의 분뇨를 치우는 일조차 뒤로 물러서지 않고 팔 걷어붙이고 강물을 끌어다 해결한다. 이는 어려운 문제를 해결하고 앞으로 나아가는 데 있어 오래 고민하지 않고 정면 대결하여 문제를 해결하는 헤라클레스 유형의 또 다른 장점이다. 그리하여 결국 인간의 영역을 넘어 신들의 영역, 심지어 저승 세계까지 넘나들며 모험을 하고 과업을 이루는 모습은, 현대 헤라클레스의 후예들 또한 무한한 도전정신으로 새로운 세계를 개척하는 일에 있어서는 물러섬이 없음을 잘 보여주고 있다.

어린아이 같은 솔직함과 장난끼

헤라클레스는 옴팔레 여왕한테 머슴살이를 하러 가던 중 아드메토스 왕의 궁전에 머물게 되었다. 이때 왕이 죽게 생겼는데 젊은 아내가 목숨을 내놓아 왕은 살고, 대신 아내가 저승사자에게 끌려갔다. 이 사실을 알게 된 헤라클레스가 그처럼 어려운 일을 겪으면서도 자신을 환대해준 것에 고마움을 느껴 앞뒤 가리지 않고 달려가 저승사자로부터 왕비를 빼앗아왔다. 그런 후, 베일에 씌워 왕에게 데려가 다른 여자를 데려왔으니 이제 그만 왕비는 잊고 새로운 여자를 맞아들이라 장난을 친다. 왕은 아내가 죽은 뒤 얼마 되지도 않았는데 어찌 그럴 수 있겠냐며 정중히 거절하였다. 그러나 장난기가 발동한 헤라클레스는 계속해서 베일에 가려진 왕비를 왕에게 들이댄다.

이처럼 헤라클레스는 자신은 물론, 타인이 힘든 상황에서도 어려우면 어려울수록 더욱더 발 벗고 나서면서 천진한 장난도 친다. 그래서인지 역시나 어린아이처럼 자신의 생각이나 감정을 있는 그대로 드러내는 아주 솔직한 사람들이다. 한마디로 표현도 직설적이고 행동도 화끈하고 시원시원한 스타일이다. 그런 만큼 헤라클레스의 후예들 또한 일상의 난제나 역경 앞에서도 포기하거나 굴하지 않고 오히려 장난도 치며 주변에 긍정 에너지를 팍팍 실어주면서 사람들을 휘어잡고 앞으로 나아가는 장점을 지니고 있다.

나만 믿어! 해결사

헤라클레스는 머슴살이를 하러 가던 중 그를 환대해준 아드메토스 왕이 어려움에 처하자 자신이 어려운 형편임에도 선뜻 왕을 돕는다. 그런가 하면 또 다른 헤라클레스 유형인 전쟁의 신, 아레스 역시 누군가 도움을 요청하면 무조건 달려가 싸움을 일으킨다. 물론 싸움을 일으킨다는 그 자체는 결코 긍정적인 면이 아니지만, 헤라클레스나 아레스 둘 다 누군가 도움을 요청하면 자신들의 위험을 무릅쓰고 달려가 상처를 입으면서도 문제를 해결하려 한다. 자신도 어려움에 처한 상황에서 남을 돕는다는 것은 대범한 헤라클레스 유형이 아니고선 결코 쉬운 일이 아니다. 헤라클레스는 자신의 죄를 씻어내기 위한 12가지 과업을 통해서는 물론이고, 그 이전과 이후 사회적 약자를 돕기 위해 많은 괴물을 처치하고 악당을 물리친다. 이처럼 헤라클레스 유형들은 자신을 위해 새로운 일을 개척하고 추진하는 것도 좋아하지만, 한편 타인이 도움을 요청하거나 도움이 필요하다고 판단될 때 자발적으로 나서서 문제를 해결해주는 것도 엄청 좋아한다.

한마디로, 현대 헤라클레스 후예들은 주변 사람들이나 지역 사회의 해결사 역할을 하면서 "나, 헤라클레스거든!" 하며 존재를 인정받으며 기쁨을 느끼는 사람들이다. 이처럼 헤라클레스 유형들은 단순한 힘을 앞세워 승리자의 위치에 서고 싶어 하는 사람들이긴 하지만, 한편 대의를 위해 기꺼이 어려운 일도 도맡아 해결하려 하는 해결사들이기도 하다.

부정적 측면

핵무기보다 위험한 분노 폭발

헤라클레스가 충동적으로 살인을 저지르고 자신의 죄를 씻어내기 위해 괴물을 죽이며 여러 영웅적 과업을 행하는 것은 상당히 상징적이고 의미 있는 일이다. 이는 현대 헤라클레스 후예들이 가정이나 일터 혹은 그 밖의 관계에서 자기 마음대로 일이나 사람들을 휘어잡으려다 뜻대로 되지 않을 경우 순간 욱하고 화를 터트리는 것을 상징적으로 보여주기 때문이다.

물론 이 세상에 화를 내지 않는 사람들은 없다. 그러나 헤라클레스 유형의 경우 그 정도가 조금 심각하다. 왜냐하면 이들의 분노는 이유 없이, 자신들 뜻대로 일이 되지 않거나 사람들이 말을 듣지 않으면 무조건 불같이 화를 터트리는 경우가 많기 때문이다. 특히 이들은 공격이 곧 생존을 위한 최선의 방어라 생각하기에 때에 따라서는 (자신도 인식하지 못한 채) 상대를 제압하거나 주도권을 잡기 위해서 일부러 화를 내기도 한다. 거기다 분노의 대상이 눈앞에 있을 경우, 상당히 공격적으로 돌변할 수 있는 점은 자칫 위험할 수도 있다.

그러나 정작 더 큰 문제는 일단 화가 가라앉으면 (스스로는 마음껏 화를 폭발했기 때문에) 자기가 언제 그랬냐는 식으로 아무 일도 없었다는 듯이 한마디 사과도 없이 천연

덕스럽게 상대를 대하기도 한다는 것이다. 사과를 잘 하지 않지만, 만약 어쩌다 사과를 한다 해도, 아직 상대는 헤라클레스 유형이 터트린 분노를 고스란히 뒤집어 쓴 감정이 가라앉기도 전에 너무 급하게 화해를 요청하거나 혹은 내가 사과했으니 무조건 받아들이고 빨리 원상태로 돌아가자 강요하기도 한다. 즉 사과를 잘 하지도 않지만, 한다 해도 상대방 감정은 전혀 고려하지 않고 짧고 굵게 자기 방식을 주장할 뿐이다. 그러다 심한 경우, 사과를 하다 자신의 뜻을 받아주지 않는다고 다시 화를 내는 최악의 상황을 초래하기도 한다.

앞뒤 분간 없는 공격성

헤라클레스는 청년 시절 키타이론 산의 사나운 사자를 물리친 뒤 죽은 사자의 가죽을 벗겨내 자신의 투구로 쓴다. 이때부터 사자머리는 헤라클레스의 용맹함을 대변하는 그의 상징이 되었다. 하지만 한편 생각하면 비록 사자라는 동물로 상징화되었지만 이는 적에 대한 예의나 공경의 모습은 전혀 볼 수 없이 오직 자신의 세만 자랑하려 드는 헤라클레스 유형의 공격성을 보여준다.

예로부터 고대인들은 사냥을 하면 반드시 자신의 먹이가 되어준 사냥감에도 예를 표하고 감사하는 마음을 지녔다고 한다. 이것이 고대인들이 거친 야생에서 살아가는 지혜요 휴머니스트 적인 요소라 할 수 있다. 그럼에도 헤라클레스 유형은 자신의 힘을 과신하여 단순히 힘자랑만 하며 상대방에 대한 배려나 존중은 안중에도 없이 공격성만 드러낸다. 심지어는 자신이 감당하지 못할 일에서도 무조건 내가 해결하겠다 큰소리를 뻥뻥 치는 공수표를 날려놓고 행여 지키지 못한 약속을 지적하면 바로 상대방을 공격하기도 한다(이런 경우, 헤라클레스 유형은 장형 에너지를 밖으로 분출하는 유형이므로 꼭 공격적 행위가 아니더라도 말투나 표정부터 다른 유형들에겐 상당히 위협적이 될 수 있다).

그런데 정말 문제는 현대 헤라클레스 후예들 중 자신이 공격석 성향임을 인시하지 못하거나 인정하지 않으려 드는 경우가 많다는 점이다. 그리하여 자신의 공격성으로 인해 주변 사람들이 얼마나 깊은 상처를 받는지 전혀 이해하지도 못하고 헤아리려 들지도 않는 단점을 지니고 있기도 하다.

언제, 어디서나 주도권은 내가

헤라클레스의 12가지 과업 중 마지막 과제는 저승을 지키는 개, 케르베로스를 지상으로 데려오는 일이었다. 힘으로 모든 것을 해결하는 헤라클레스는 자신을 가로막는 저승의 신, 하데스를 화살로 쏘아 맞히고 케로베로스를 지상으로 데려왔다. 이 일화는 헤라클레스의 입장에서 보면 자신이 필요한 경우, 신들의 영역까지도 넘나들며 이루어 낸 위대한 업적이다. 하지만 저승을 다스리는 하데스의 입장에서 보면, 이는 엄연히 외부 침입자가 저승 세계의 룰을 뒤흔들어버리는 일이 아닐 수 없다.

즉 헤라클레스 유형은 타인의 지배를 받거나 공동체의 룰을 따른다거나 하는 일들을 본능적으로 거부하는 성향이다. 오직 자신이 곧 힘이고 권력이다. 그러다 보니 이들은 자기가 필요하거나 원할 때는 상대방의 입장이나 공동체의 룰 같은 것은 다 무시하고 오로지 자신의 입장이나 의견을 일방적으로 주장하거나 몰아붙이는 단점을 드러낸다(헤라클레스 유형 중에는 어떤 일을 시도할 때 간혹 이기고 지는 것에 심취해 정작 목표조차 잊고 주도권 싸움에 몰두하거나 주도권을 잡기 위해 일부러 선제공격을 하는 경우도 있다).

현대의 헤라클레스 후예들 또한 언제, 어디서든지 앞뒤 가리지 않고 무조건 자신이 주도권을 장악하려는 성향을 드러내며 주변 사람들을 지배하려 들기도 한다. 이러한 모습은 가정에서든 일터에서든, 자칫 독불장군식으로 사람들을 힘들게 하는 치명적 단점이 되기도 한다.

에니어그램으로 본 헤라클레스 유형의 성장 포인트
내가 헤라클레스의 후예라면

나 홀로 분노 터트리기

사람들 모두 화를 내는데 유독 헤라클레스 유형의 분노는 왜 문제가 될까? 그건 바로 헤라클레스 유형이 힘으로 세상을 제압하려는 장형, 그중에서도 장형 에너지를 밖으로 바로 쏟아붓는 장형 외향형이기 때문이다. 즉 헤라클레스 유형은 평상시 의견을 펼칠 때도 자칫 표정이나 말투에서 상대방의 기선을 제압하려는 공격성이 드러나는데 하물며 작정하고 화를 내면 그 공격성을 감당할 사람은 같은 장형들이 아니고선 대응이 어렵다. 그런 만큼, 헤라클레스의 분노는 자칫 상대방에게 너무 깊은 상처를 주게 되어 남들은 감히 엄두도 내지 못할 엄청난 일들을 해놓고도 하루아침에 모든 관계를 잃거나 공든 탑이 무너지는 경우가 허다하다.

그렇다면 헤라클레스 후예들은 어떻게 자신의 분노를 다스리고 독불장군식으로 자신의 주장만 일방적으로 내세우는 것을 개선할 수 있을까? 가장 좋은 방법은 물론 이성을 잃을 정도로 욱하고 성질을 부리지 않는 것이지만, 장형 에너지를 밖으로 쏟아내는 헤라클레스 유형에겐 결코 쉬운 일이 아니다. 그러므로 그보단 만약 나도 모르게 화가 올라올 때는 사람들을 피해 어딘가 혼자 있는 곳으로 달려가 마음껏 내 안의 화를 발산하는 방법을 택하도록 하자. 이럴 때는 속이 시원할 때까지 소리를 지르거나 발차기라도 하면서 가능한 몸 안의 분노 에너지를 외부로 분출하도록 한다.

더 좋은 방법은 헤라클레스 유형은 스트레스가 쌓이면 바로 분노로 터지는 경우가 많은 만큼 평상시 주기적으로 몸을 움직이며 땀을 빼주면 예방책이 될 수 있다. 그리하여 평상시 화를 다스리되, 만약 어쩔 수 없이 욱하고 화가 터지는 경우라도 홀로 분노를 발산한다면, 주변 사람들에게 상처를 주며 지금까지 힘겹게 쌓아 올린 모든 일이나 관계를 자칫 하루아침에 잃는 일은 가능한 막을 수 있다.

한번쯤 남의 이야기도 들어보기

헤라클레스는 자신의 마음대로 무조건 힘으로 밀어 붙이다 모든 걸 잃었다. 그리고 제우스 신의 말에 귀를 기울이고 그의 신탁을 받아들여 죄를 씻는데 이는 헤라클레스의 후예들에게 시사하는 바가 매우 크다고 할 수 있다. 헤라클레스 유형은 본능적으로 말이나 행동에서 자신의 주장을 강렬히 드러내고 밀어붙이는 유형이다. 마치 다양한 감정 표현이 어려워 주먹 꾹 쥐고 자신의 주장만 펼치는 떼쟁이 아이들과 유사하다. 그런 만큼 "입은 하나인데 귀는 둘인 이유는 말하기에 앞서 들으라는 의미이다"라는 옛 속담이 가장 필요한 유형이기도 하다.

그런 의미에서 헤라클레스에게 제우스가 있었듯이, 헤라클레스의 후예들도 그 사람의 말이라면 귀 기울여 들을만한 각자의 제우스를 한 사람씩 정해놓는 것도 좋은 일이다. 현대사회는 가정에서나 직장에서나 무조건적인 명령하달 방식이 통하지 않는 소통의 시대이다. 높은 자리에 올랐다가도 자칫 한번의 말실수로 하루 아침에 모든 것을 잃을 수도 있다. 그러니 하루쯤, 가정이나 일터에서 타인과의 대화 장면을 녹화해서 보도록 하자. 스스로 얼마나 좌중을 주도하고 마구 이야기를 쏟아내며 자신의 의견을 주장하는지 쉽게 알 수 있을 것이다.

헤라클레스 후예들이 한 걸음만 뒤로 물러나 타인의 이야기에 귀를 기울이고 상대방의 의중을 이해하고 헤아린다면 무조건 내 뜻대로 되지 않으면 불쑥불쑥 욱하고 올라오는 분노도 줄이고 상대 의견까지 아우르게 되니 참으로 엄청난 시너지가 아닐 수 없다. 만약 헤라클레스 후예들이 경청의 능력을 조금만이라도 겸비한다면 빼어난 용장이 덕까지 겸비하는 셈이 된다. 그럼 덕으로 사람까지 아우르게 되어 인생 흐름도 달라질 수 있으니 참으로 중요한 성장 포인트라 할 수 있겠다.

부드러움도 갖춘 진짜 강자되기

헤라클레스 후예들이 경청할 수 있다면 이젠 진정한 성장이 가능하다. 에니어그램에서 헤라클레스 유형의 성장 포인트는 아프로디테 여신의 부드러움이다. 즉, 거칠고 남성적인 선이 굵은 헤라클레스 유형이 미의 상징인 아프로디테 여신의 부드러움을 어느 정도 수용할 수 있다면 힘 있는 추진력에 부드러운 포용력까지 갖춘 진정 큰 사람이 되어 자신의 장점을 최대한 발휘하며 살아갈 수 있기 때문이다.

그런 의미에서 헤라클레스가 옴팔레 여왕의 머슴이 되어 여인들에게 둘러싸여 여자 옷을 입고 뜨개질을 하며 여자들 분위기를 맞춰주는 이야기는 상징하는 바가 크다고 할 수 있다. 왜냐하면 여성들과 이야기를 나누며 비로소 헤라클레스는 타인의 이야기에 귀를 기울이는 법을 배우게 된다. 게다가 한 걸음 더 나아가 이 세상에는 분노만이 아닌 슬픔이나 위로 혹은 배려 등 다양한 감성이 있다는 것도 터득한다.

그렇게 부드러움과 포용력을 개발한 헤라클레스가 어느 섬에 도착했을 때의 일이었다. 바닷가에 이카로스의 시체가 떠밀려 왔는데, 이카로스는 아버지 다이달로스가 만든 날개를 달고 크레테섬의 미궁을 탈출하다 너무 태양 가까이 날아 날개가 녹아 바다에 빠져 죽었다. 시신을 발견한 헤라클레스는 측은한 마음이 들어 직접 묻어주고 섬 이름을 그의 이름을 따서 '이카리아섬'이라고 불렀다. 단순히 힘으로 괴물을 퇴치하고 어려움을 해결해주는 영웅이 아닌 타인의 아픔에 동조하는 자애로움을 지닌 영웅으로 성장한 모습이다.

그리하여 헤라클레스는 먼 훗날 자신을 오해한 아내의 불찰로 죽게 되었을 때도, 그녀의 입장을 헤아리고 측은히 여겨 고통 속에 죽어가면서도 그녀를 용서해주었다. 늘 자신의 주장만 밀고 나가던 헤라클레스가 타인의 입장을 헤아리는 경지까지 도달한 셈이다. 인간으로 태어나 신의 반열에 오를 정도로 강한 추진력과 장대한 스케일을 지닌 헤라클레스 유형. 그러나 헤라클레스가 신의 반열에 오른 것은 단순히 힘으로만 이루는 영웅적 행위만을 통해서가 아니다. 몇 번의 과오 끝에 터득한 자신보다 약한 이들에 대한 연민과 포용력이야말로 헤라클레스를 진정한 영웅으로 만들었다는 사실. 현대의 헤라클레스 후예들이 진정한 영웅으로 살아가기 위해 꼭 필요한 성장 포인트이다.

헤라클레스 유형을 위한 **성장 TIP!**

아프로디테의 부드러움

정의의 화신 안티고네는 왜 오빠의 장례를 치르고 자결하였을까?

정의와 완고함을 오가는 안티고네

정의와 완고함을 오가는
안티고네

안티고네의 자기고백

❝   분하고 억울해요. 원래대로 하면 장남인 폴리네이케스 오빠가 왕이 되어 이 나라를 다스려야 하는 거잖아요. 아버지가 그리 돌아가시지만 않았어도 지금쯤 큰 오빠가 왕위에 올랐을 텐데 작은 오빠와 싸우다 두 분 모두 그리 허망하게 죽다니요. 정말 너무 한스러워요. 세상에 이보다 더 억울한 일이 어디 있겠어요.

그런데 큰 오빠 장례도 치러주면 안 된다고요? 오빠 시신을 저잣거리에 뒹굴게 두고 새들과 개들의 밥이 되게 하라고요?! 세상에 그런 법이 어디 있나요! 누구 덕에 그 자리에 올랐는데요! 그래요. 큰 오빠가 적들을 앞세우고 이 나라를 친 건 사실이에요. 하지만 그건 어디까지나 자신의 것을 되찾기 위한 정당방위인 셈이죠. 원래 큰 오빠가 마음이 좋아 작은 오빠와 둘이 번갈아 통치하기로 하고 그 자리를 내준 건데, 먼저 약속을 깬 건 큰 오빠가 아니라 작은 오빠라고요. 뭐 그렇다고 작은 오빠를 나무랄 생각은 없어요. 어차피 제겐 둘 다 소중한 핏줄이니까요. 다만 크레온 왕이 테베를 공격했다는 이유만으로 큰 오빠 시신이 저잣거리에 뒹굴게 두라는 국법을 만든 건 분해도 너무 분해요. 큰 오빠 빼앗긴 자기 것을 찾으려 했을 뿐이에요. 제가 이렇게 분한데 오빠는 오죽했겠어요. 오죽 분하면 숨이 끊어지는 그 순간에도 저를 붙잡고 자신을 고향

땅에 묻어달라 했겠냐고요! 크레온 왕의 국법 따위 죽어도 용납할 수 없는 일이에요. 제 목숨을 바쳐서라도 이건 바로 잡을 거에요. 반드시 그리 할 거에요.

물론 저도 사람들이 왜 그렇게 따지기만 하냐. 차라리 크레온 왕한테 울며불며 매달리면 시아버지 될 사람이니까 겉으로는 어쩔 수 없어도 뒤로 시신을 빼돌려 장례를 치르게 해줄 수도 있지 않겠냐고 말하는 거 잘 알고 있어요. 하지만 그건 큰 오빠가 잘못했다고 인정하는 거잖아요. 그거야말로 오빠의 죽음을 욕되게 할뿐더러 오빠는 영원히 조국의 배신자가 되는데 절대 그럴 순 없어요. 절대로요. 불명예스럽게 죽은 것도 억울한데 장사까지 지내주지 않으면 정말이지 제대로 눈을 감지 못할 거잖아요. 그건 산 사람의 도리가 아니죠. 게다가 오빠를 죽게 만들고 그에 합당한 장례도 치르지 못하게 하는 크레온 왕의 며느리가 된다는 것은 말도 안 돼요. 제가 어찌 제 한 몸 편하자고 원수와도 같은 그 사람을 보고 시아버지라고 부를 수 있겠어요. 마음 약한 여동생은 그럴 수 있을지 몰라도 전 절대로 그렇게는 못 해요. 죽는 한이 있어도 절대로요.

물론 저라고 왜 세상에 미련이 없겠어요. 저도 사랑하는 사람이 있고 행복하고 싶은 사람인 걸요. 사랑하는 약혼자를 두고 결혼식도 못 올리고 이렇게 죽는다면 그 또한 억울한 일이죠. 하지만 오빠의 시신이 저잣거리에서 뒹구는데 제가 과연 행복할 수 있을까요? 오빠를 그렇게 거리에 방치해두고 제가 과연 신혼의 단꿈에 젖을 수 있을까요? 아무리 생각해도 그건 인간의 도리가 아니에요. 그러니 하이몬도 제 입장을 이해해 줄 거라 믿어요. 그도 제 결정을 존중해줄 거에요. 제 한 목숨 바치는 한이 있더라도 이 일만큼은 바로잡을 거에요. 그렇게 죽음으로라도 정의가 살아있음을 크레온 왕과 세상에 꼭 증명해 보이겠어요.

마지막으로 한가지 부탁드리고 싶은 건 이스메네 만큼은 지켜달라고 말씀드리고 싶어요. 저희 두 사람, 비록 가는 길은 다르고 그 애가 오빠 일에 나서지 못하고 비겁한 건 사실이에요. 하지만 그렇다고 여동생이 오빠들 권력 다툼이나 장례 문제에 있어 잘못을 저지른 건 아니에요. 비겁이 죄라면 죄인데…. 한편 생각하면 그런 약한 마음으로 저 혼자 남겨져 어찌 살아갈지 마음에 좀 걸리네요… 설마 크레온 왕도 최소한의 양심이 있다면 삼촌으로서, 국왕으로서 그 애만큼은 지켜주겠죠.

그러니 여러분들 또한 마음 약한 그 아이를 꼭 지켜주세요. 제 마지막 부탁입니다. 여러분들은 정의로운 분들이니 꼭 그리 해주실 거라 믿습니다. 그럼 저는 이제 여러분들을 믿고 제게 주어진 소명을 다하겠습니다. 부디 저희 이야기가 세상 다하는 그 날까지 오래도록 전해져 다시는 불의가 정의를 이기는 일이 없기를 간절히 바랍니다.

정의 속에 박혀있는 완고함

오이디푸스가 비극적 운명을 받아들이고 고향인 테베를 떠나 망명길에 오를 때 그의 두 아들인 폴리네이케스와 에테오클레스는 아무도 그를 따라나서지 않았다. 오히려 오이디푸스가 남긴 테베 왕위를 누가 차지할 것인지 그 생각뿐이었다. 오직 정의로운 마음이 가득한 안티고네만이 아버지의 고행길에 함께 했다. 오이디푸스가 오랜 고행 끝에 진리를 터득하고 콜로노스 산에서 성스러운 죽음을 맞이한 뒤 안티고네는 다시금 고향인 테베로 돌아왔다. 하지만 고향에서 그녀를 기다리는 건 편안함이 아닌 또 다른 비극이었다.

오이디푸스가 왕위를 내려놓고 떠나자 왕권을 다투던 두 아들은 번갈아 통치하는 데 합의하였다. 형인 폴리네이케스가 먼저 일 년을 다스리고 아우인 에테오클레스에게 넘겨주었다. 그러나 동생인 에테오클레스는 일 년 뒤 그만 욕심이 생겨 형에게 왕위를 넘겨주지 않고 오히려 형을 테베에서 추방시켰다. 졸지에 망명객이 된 형 폴리네이케스는 이곳저곳을 떠돌다 아르고스라는 도시에 몸을 의탁했다. 그곳에서 신탁에 의해 왕의 사위가 되었지만 동생에게 왕위를 빼앗겼다는 생각에 분한 마음이 가라앉지 않았다. 어떻게든 다시 되찾아야 했다.

그리하여 장인의 도움으로 군대를 일으켜 고국인 테베로 공격해 들어갔다. 빼앗긴 자의 분노가 지키려는 자의 힘보다 컸던지 첫 번째 격돌에서 형의 군대가 동생의 군대를 크게 물리쳤다. 이대로 두 번째 격돌이 벌어지면 전력을 다 소진한 테베는 더는 성을 지켜내지 못할 위기였다. 이때, 조국이 적군의 손에 떨어질까 두려운 마음이 든 아우가 형에게 테베의 왕권을 두고 단독결투를 통해 승부를 가르자 신청하였다. 오랜 시간 복수의 기회를 기다린 형이 결투 신청을 받아들였다.

불행하게도 형제의 실력은 너무 팽팽하여 결국 창과 칼로 서로를 찌르며 함께 죽어갔다. 형의 칼에 동생이 절명하자 아직 숨이 남아있는 폴리네이케스가 헐떡이며 마지막 숨을 내쉬는데 여동생인 안티고네가 울부짖으며 달려왔다. 그러자 폴리네이케스가 같은 혈육끼리 서로를 죽이다니 이보다 비극적인 일이 없을 거라며 이제야 동생에 대한 사랑을 깨달았다 후회의 눈물을 흘렸다. 그러면서 자신의 시신만이라도 고향 땅에 묻어달라는 말을 남기고 숨을 거두었다.

두 형제의 비극적인 전투가 끝나고 형제 모두 이슬처럼 사라지자 외삼촌인 크레온이 테베의 왕으로 등극하였다. 조카들의 비극을 통해 삼촌이 어부지리로 왕 자리를 얻은 셈이었다. 그는 전투로 인해 추락한 테베의 권위를 되살리고 다시는 테베인이 외부인을 앞세워 공격해 들어오는 배신이 일어나지 않도록 형인 폴리네이케스의 시신은 들짐승의 먹이가 되도록 그대로 방치해두라는 포고령을 내렸다. 만약

이 칙령을 어기는 자는 죽음을 면치 못할 것이라는 말과 함께. 대신 조국인 테베를 수호하다 죽은 동생 에테오클레스의 장례는 성대하게 치러주었다.

그러자 온 테베가 충격에 휩싸여 술렁거렸다. 예로부터 고대 국가에선 장례를 치러주지 않으면 망자가 저승 세계로 가는 스틱스강을 건너지 못한다고 믿었다. 그런 만큼 장례를 치러주지 않는 것은 영혼이 구천을 떠돌게 만드는 영원한 형벌인 셈이었다. 그러므로 고대인들 사이에는 같은 동족끼리는 물론이고 이름 모를 나그네나 심지어 적군까지도 장례식만큼은 허용하는 것이 불문율이었다. 그런데 크레온 왕이 이런 관습을 깨고 적도 아닌 동족인, 더군다나 이전 왕의 장자였던 폴리네이케스의 장례식을 금하는 명을 내린 것이다.

이 소식을 전해 들은 안티고네는 가슴이 미어지는 것 같아 하나 남은 혈육인 여동생, 이스메네에게 달려갔다.

"이스메네야! 너도 들었지. 삼촌이 큰 오빠 시신을 장사 지내지 못하게 금한 거!"

"네, 들었어요. 그래서요 언니…?"

"그래서요라니?! 어서 빨리 가야지!"

"빨리 가다니요. 어디를요? 무슨 생각을 하는 거에요…? 언니, 설마…"

"무슨 생각이라니! 당연히 빨리 가서 우리라도 오빠를 묻어줘야지!"

"언니. 미쳤어요! 그러다 우리까지 죽어요. 부모님은 물론 오빠들도 다 죽고 난 지금 크레온 왕의 명을 거역해서 뭘 어쩌려는 거에요. 그분 말씀 못 들었어요? 명을 거역하는 자는 다 죽인다고 하잖아요. 우리라고 무사할 수 있을 것 같아요?"

"그 말이 무서워 부당한 일을 강요하는데 가만히 당하고만 있을 순 없어. 우리라도 나서서 바로 잡아야 해."

"언니, 제발 정신 차려요. 그분은 이제 삼촌이 아니라 왕이라고요. 물론 그렇다고 그분이 잘했다는 건 아니에요. 저도 언니 말이 옳다고는 생각해요. 하지만 제겐 아무런 힘이 없어요. 제가 나선다고 뭐가 달라지겠어요. 우리까지 다칠 뿐이에요. 그러니 언니 제발 진정하세요. 언니가 다칠까 너무 두려워요."

"알았어. 네 뜻이 정 그러하다면 너까지 강제로 끌어들일 생각은 없어. 그렇지만 난 비겁하게 살아남을 생각은 없으니까 내 앞길까지 막을 생각은 마. 난 인간이 할 도리조차 못하면서 비루하게 목숨을 구걸하고 싶지는 않아. 그러니 오늘부터 너하고 나는 각자의 길을 가는 거야."

안티고네는 하나 남은 마지막 혈육과 금을 긋듯 차가운 말을 내뱉고는 오빠의 시신을 향해 달려갔다. 그리고 파수꾼들의 감시가 소홀해진 틈을 타 오빠의 시신에 흙을 뿌려 장례를 치러주고 제주를 부어주었다. 비로소 폴리네이케스는 저승 세계로 갈 수 있게 되었으나, 이제 문제는 안티고네였다.

왕이 되어 첫 번째로 내린 포고령을 그 누구도 아닌 조카이자 며느리가 될 안티고네가 위반했다는 사실에 화가 머리끝까지 난 크레온 왕은 안티고네를 당장 잡아들여 추궁을 시작하였다.

"어리석은 계집아, 네가 폴리네이케스의 시신을 묻어주었느냐?"

"네, 그렇습니다."

고개를 빳빳이 든 안티고네가 한 점 망설임 없이, 두려움 없이 답하였다.

"겁도 없이 국법을 어긴 것도 알겠지?"

"물론입니다. 그러나 그 법은 한낱 인간이 만든 법일 뿐입니다. 제가 지킨 법은 신들에게서 나온 영원히 지켜야 할 법입니다. 바로 인간의 도리입니다. 그 법이 저에게 같은 어머니에게서 나온 오라비를 묻어주라 하였습니다. 저에게 어리석다 하였으나, 사실 진짜 어리석은 건 당신입니다."

차분하다 못해 차가운 안티고네의 항변에 크레온 왕은 불같이 화를 내며 말했다.

"용서를 청해도 모자랄 판에 감히 두 눈 똑바로 뜨고 덤비다니. 네가 죽으려고 작정을 했구나! 원래 가장 강한 쇠가 제일 먼저 부러지는 법이다. 어찌 조국을 구한 선인과 조국을 공격한 죄인을 같이 취급할 수 있단 말이냐! 네가 아무래도 따끔한 벌을 받아야 정신을 차리겠구나!"

"누가 옳고 그른지는 하늘만이 아실 일입니다. 따끔한 벌이라고요? 그래 봐야 죽기밖에 더하겠습니까? 원하신다면 저를 죽이세요. 그러나 그렇다고 달라질 것은 아무것도 없습니다. 테베의 온 시민도 두려워 말하지 못할 뿐 모두 제가 한 일을 옳다고 여길 테니까요."

"이 계집이 그래도 끝까지 지가 옳다고! 그래. 그렇다면 저승에 가서 너 혼자 실컷 시시비비를 따지거라!"

실로 크레온 왕이나 안티고네 두 사람 모두 한 치의 양보도 없는 불꽃 튀는 대결이었다.

단 하나 남은 혈육이 왕에게 끌려와 사형에 처할 위기에 놓였다는 것을 듣고 여동생 이스메네가 죽을힘을 다해 용기 내어 달려왔다. 안티고네를 대신해 울며불며 왕에게 호소하려 하자 안티고네는 너하고는 이미 끝난 사이니 남의 일에 참견하지 말라며 여동생과의 관계에 금을 그었다. 실로 모 아니면 도로 자신이 옳다고 믿는 신념을 위해서는 부러질지언정 휘어질 줄 모르는 여인이었다.

하지만 현실의 왕은 크레온. 결국 분기탱천한 왕은 자신의 조카이자 며느리가 될 예정이었던 안티고네를 감옥에 가두고도 여전히 분이 가라앉지 않았다. 이 소식을 듣고 아들이자 안티고네의 약혼자인 하이몬이 달려왔다. 크레온 왕은 아들에게 세상에 여자는 많으니 한시바삐 안티고네를 잊으라고 말하였다. 그러나 하이몬은 자신뿐 아니라 테베인 전체가 안티고네가 한 일에 공감한다며 아버지께서 마음을 돌리시라 간곡히 청하였다.

아들이 자신이 아닌 안티고네 편을 든다는 것에 더욱 화가 난 크레온 왕은 그녀를 산 채로 동굴에 가두고 죽지 않을 만큼만 음식을 제공하라고 명하였다. 크레온 왕은 자신이 정의롭지 못하게 그녀를 죽인 것이 아니라 그녀가 동굴 속에서 자연사한 것처럼 만들고자 한 것이다. 그 역시 정의롭지 못한 왕으로 낙인찍히는 건 껄끄러웠던 것이다.

그러자 그리스 최고의 예언자인 테이레시아스가 크레온 왕을 찾아왔다. 이제는 노현자의 모습을 지닌 테이레시아스는 왕에게 말하기를 신들이 노하고 있으니 이제 그만 완고함을 풀라고 하였다. 그래도 왕이 고집을 부리자 계속 이런 식으로 고집을 꺾지 않으면 해가 지기 전에 핏줄 두 사람이 저세상 사람이 될 거라는 끔찍한 예언을 남기고 궁에서 물러났다.

다른 사람도 아닌, 그리스 최고의 예언자가 그리 말하니 아무리 완고한 크레온 왕도 어딘가 불길한 예감이 들었다. 그 말에 혹시나 하는 생각이 들어 안티고네가 있는 동굴로 떨어지지 않는 발걸음을 옮겼다.

한편 아버지인 크레온 왕에게 안티고네의 방면을 호소하였으나 통하지 않자 하이몬은 궁에서 물러나 안티고네가 갇혀있는 동굴로 달려갔다. 그러나 자신이 한 일이 옳다는 신념을 굽히지 않던 안티고네는 가느다란 끈에 목을 매어 이미 뻣뻣한 시신이 되어 있었다. 하이몬이 사랑하는 연인을 구하지 못했다는 절망감에 시신을 부여잡고 슬피 울고 있는데 테이레시아스의 예언을 듣고 마지못해 보러 온 크레온 왕이 도착하였다.

동굴 너머로까지 들려오는 아들의 울부짖는 소리에 깜짝 놀란 왕이 아들에게 달려가자 하이몬이 핏발선 눈으로 아버지를 노려보았다. 다급해진 왕이 놀라서 아들에게 시신을 내려놓고 아비에게 오라고 간청하였다. 그러나 절망스러운 표정으로 아버지를 쳐다보던 하이몬은 칼집에서 쌍날의 칼을 뽑아 들더니 자신의 심장을 찌른 뒤 안티고네의 시신 위에 쓰러졌다.

크레온 왕이 아들의 죽음을 보고 가눌 수 없는 마음으로 간신히 궁으로 돌아오자 아들의 죽음을 한발 앞서 전해 들은 왕비가 왕을 원망하며 목숨을 끊었다는 또 다른 비보가 기다리고 있었다. 이로써 완고함을 꺾지 않으면 해가 지기 전 핏줄 두 사람이 저세상 사람이 될 것이라는 테이레시아스의 무서운 예언이 적중하였다. 크레온 왕과 안티고네의 완고함이 맞부딪쳐 결국 세 사람의 생명이 꺾여 버렸고, 남겨진 크레온 왕도 살아있으되 생명력은 꺾여 버렸다. 오직 이스메네만이 홀로 삶을 이어가는 것으로 그리스 신화 최대 비극 중의 하나는 막을 내린다.

에니어그램으로 본
안티고네 유형 분석

유형 특성

에니어그램으로 볼 때 안티고네는 세상을 이기고 지는 대결의 장으로 바라보는 장형이다. 장형들은 세상을 자신의 뜻대로 하고자 하는 유형인데, 그중 안티고네 유형은 에너지를 안으로 쓰는 1유형, 장형 내향형이다. 장형 내향형은 장형 특유의 힘을 안으로 쓰며 자신을 완벽하게 만들어 세상을 지배하려 한다. 즉 1유형들은 신화 속

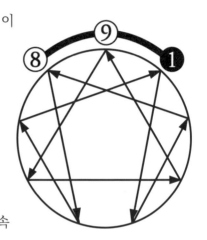

안티고네처럼 자신들이 옳다고 믿는 바를 지키기 위해 죽을힘을 다해 스스로를 갈고 닦는 스타일이다. 달리 표현하면 안티고네 유형은 작게는 자신이 속한 곳에서부터 크게는 사회적 대의까지, 자신들 생각에 정의롭지 못한 일이 발생하면 불의와 타협하지 않고 떨치고 일어서는 개혁가들이다.

다만 안티고네 유형은 "부러질지언정 굽히지는 않는다"를 슬로건으로 삼는 이들로서, 자칫 자신들의 정의나 신념이 오히려 고지식함이나 완고함이 되어 스스로의 발목을 잡기도 하고 주변 사람들을 힘들게 하며 결국 '나 홀로 고립'을 자초하기도 한다.

안티고네 이야기는 그리스 신화 중 현대까지도 국가가 정한 성문법과 사람들 사이에 전해져 오는 불문율 사이에 치열한 논쟁을 불러일으키는 주제 중 하나이다. 사실 국법을 상징하는 국가주의자 왕, 크레온이나 그에 대항하여 자신의 신념을 목숨으로 지켜낸 안티고네 모두 에니어그램으로는 1유형, 같은 유형이다. 즉, 안티고네 이야기는 똑같은 기질인 1유형 둘이 만나 서로 다른 지향점을 향해 한 치의 양보도 없이 끝까지 달려가는 극단의 예를 잘 보여주고 있다.

안티고네의 정의로움은 오이디푸스가 고행길에 오르자 형제 중 유일하게 아버지 뒤를 따르는 것에서부터 잘 드러나고 있다. 안티고네 유형이 볼 때 장님이 되어 망명길에 오른 아버지를 홀로 헤매게 두고 자신은 궁전에 편히 남아있는 것은 옳은 일이 아니다. 아버지의 죽음 이후 고향에 돌아와 오빠들이 권력다툼을 벌일 때 안티고네는 그 누구도 정의롭지 않다 여기며 어느 편도 들지 않았다.

결투 중에 두 오빠가 모두 죽었는데, 그중 작은 오빠는 위인이 되고 큰 오빠는 배신자가 되어 시신조차 거두지 못하게 되자 그녀는 결연히 일어선다. 안티고네 입장에서 볼 때 그건 큰 오빠에게 불공평한, 즉 정의롭지 못한 일이기에 자신이라도 분연히 일어서야 하는 일이다. 이처럼 안티고네 유형은 정의인지 불의인지를 옳고 그름의 기준으로 삼고 그에 따라 자신의 행동방침을 결정하는 유형이다.

안티고네는 여동생에게 동참을 권하지만 마음 약한 여동생이 거절하자 혼자 일어선다. 일단 한번 자신이 신념을 세운 일은 혼자라도 행동에 나서는 장형 특유의 힘이 느껴지는 장면이다. 게다가 크레온 왕 앞에 불려가서도 오빠의 장례를 치러준 것에 대해 전혀 두려워하거나 변명하지 않는다. 두려워하기는커녕 오히려 크레온 왕이 부당하다 정면으로 맞서기까지 한다. 가히 정의감 불타는 개혁가 1유형들만이 가능한 기백이 아닐 수 없다. 그렇지만 안티고네는 불행히도 자신과 똑같이 타협할 줄 모르는 크레온 왕의 완고함에 부딪혀 결국 목숨까지 잃게 된다. 두 사람 모두 타협이라고는 모르고 갈 때까지 끝까지 치닫는 완벽주의자들의 극단적 부딪힘이라 할 수 있다.

한마디로 안티고네 유형은 스스로 정의롭다 믿는 신념을 세우면 현실에서 변화를 일으키기 위해 실질적으로 행동하는 개혁파적 성향의 사람들이다. 자신이 옳다고 믿는 일을 관철시키기 위해서 (자신들이 생각하기에) 완벽하다고 할 수 있는 정도까지 스스로를 갈고 닦으며 노력한다. 그런 만큼 (그들 입장에선 당연히) 타인들에게도 엄격한 잣대를 들이대고 경우에 따라서는 특유의 완벽주의 성향으로 사사건건 시비를 따지고 지적을 한다. 그러다 그 정도가 지나쳐 오직 자신만이 정의롭다, 옳다라는 완고함에 빠져 자칫 주변과 전혀 타협할 줄 모르고 극단적으로 치달으며 결국 나 홀로 고립을 자초하기도 한다.

긍정적 측면

정의가 곧 신념인 사람들

안티고네 이야기는 현대 사회에서도 '정의란 무엇인가'를 논할 때는 빠지지 않고 등장하는 고대 이야기 중 하나이다. 그만큼 형제에 대해 인간의 도리를 다하려는 안티고네나 국가 질서를 유지하려는 크레온 왕 모두 개인적인 사리사욕보다는 대의적 차원에서 정의를 수호하려는 강한 신념을 지닌 유형이다. 사실 어떤 면에선 크레온 왕은 어린 조카 둘이서 왕권을 놓고 다툴 때 이미 싸움에 끼어들어 왕위를 찬탈할 수도 있었다. 하지만 안티고네 유형인 크레온 왕에게 그건 역시나 정의롭지 못한 일이니 끼어들지 않는다. 하지만 어린 왕자들끼리의 권력 다툼으로 조국이 위태로운 지경에 이르러 왕에 오르자 엄격한 기준을 세워 나라의 체제를 지키려 한다. 결국 안티고네가 핏줄에 대한 의리를 자기신념으로 삼았다면 크레온 왕은 나라를 지키는 것을 자기신념으로 삼은 것만 다를 뿐, 두 사람 모두 각자가 믿는 정의를 위해 움직이는 사람들이다.

이처럼 정의를 사수하는 일은 같은 장형 중에서도 안티고네 유형에게 특히 중요하다. 장형의 힘을 밖으로 쓰는 공격형인 헤라클레스 유형은 때로 자신이 지배권을 주도하기 위해선 정의롭지 못한 일이나 방법을 동원하기도 한다. 반면 뒤에 나올 또 다른 장형인 하데스 유형은 자신의 영역 지키기에 가장 관심이 커서 바깥세상의 정의에는 그다지 관심이 없다. 그런 만큼 현대 사회가 이정도 정의로운 사회로 발전되어 오기까지는 지금 이 순간도 사회 곳곳에서 불의를 보면 참지 못하고 결연히 일어서는 안티고네 후예들의 덕분일 수도 있겠다.

행동하는 개혁가

형제간의 싸움 끝에 두 사람 모두 죽고 삼촌인 크레온이 왕위에 올라 동생은 성대히 장례를 치러주고 형의 시신은 저잣거리에 뒹굴게 두라는 포고령을 내렸을 때, 테베 사람들 모두 부당하다 여겼다. 하지만 지엄한 국법 앞에 그 누구도 감히 나서려 들지 않은 그때 연약한 여인의 몸으로 안티고네가 일어선다. 처음에 그녀는 여동생인 이스메네에게 함께 동참할 것을 권하기도 하며 주변 사람들까지도 행동하는 길로 들어서게 만들기 위해 애쓴다. 하지만 크레온 왕의 강력한 힘 앞에 여동생은 왕이 옳지 않다고 생각하면서도 행동으로 나서지는 못한다. 오직 안티고네 홀로 행동에 옮길 뿐이다.

사실 현대사회에서도 생각하는 양심은 많지만 행동하는 양심은 드물다. 그러나 진정한 변혁과 개혁은 오직 행동에서 이루어질 뿐이다. 그런 만큼 현대 안티고네 후예들은 가정 내에서건, 지역 사회에서건 심지어 국가적 차원에서라도 불의를 향해 결연히 떨치고 일어서야 할 때 실질적으로 행동에 옮기는 사회의 빛과 소금 같은 개혁가적 성향을 지닌 사람들이다.

무술의 고수 같은 완벽주의자들

안티고네는 자신이 옳다고 믿는 정의를 실현하기 위해 약혼자와의 행복한 결혼을 포기한다. 이는 안티고네 유형이 정의구현을 위해 때로는 사적인 이익이나 행복을 과감히 희생하기도 하는 면을 상징적으로 보여주고 있다. 즉 1유형은 개혁가적 성향을 지닌 이들로서 자신들의 신념을 고수하기 위해서는 필요한 경우 자기희생도 감수하는 유형이다. 즉 안티고네 유형은 스스로를 완벽하게 갈고 닦고 통제하여 정의를 실현하려는 사람들로서 이들의 완벽주의 성향은 일은 물론이고 윤리적 측면까지 포함하는 경우가 많다. 그리하여 신화 속에서 안티고네가 크레온 왕을 만났을 때 전혀 두려움 없이, 한 치의 양보도 없이 자신의 소신과 신념을 당당히 말할 수 있는 것은 평상시 안티고네 유형들이 자신들을 완벽하게 만들기 위해 끝없이 노력하며 얻은 자기확신에서 나오는 당당함이라 할 수 있다.

물론 자신의 일을 완벽하게 하려는 것은 다른 유형 중에서도 찾아볼 수 있다. 다만 안티고네 유형의 완벽주의는 장형 특성상 마치 무술의 고수가 1인자가 되기 위해 끊임없이 자기 자신을 갈고닦거나 장인들이 달인의 경지에 오르기 위해 1㎜의 오차도 허용하지 않고 완벽한 작품을 추구하는 것 같은 성향을 띄고 있다. 그러므로 현대 안티고네의 후예들 역시 자신들의 신념을 현실에서 이루기 위해 한 치의 틈도 주지 않고 자신의 몸과 마음을 갈고 닦으며 완벽한 수준에 이르기 위해 노력 중일 가능성이 높다.

부정적 측면

부러질지언정 휘어지지 않는 완고함

안티고네가 크레온 왕과 불꽃 튀는 대결의 장을 벌일 때, 그 두 사람 사이에는 안티고네에겐 약혼자이자 크레온 왕에겐 아들인 하이몬이 있다. 두 사람의 불꽃 튀는 갈등으로 어떤 면에선 본인들보다 더 괴롭고 힘든 사람이다. 그런가 하면 조금만 다른 각도에서 생각해보면 두 사람의 갈등을 중재할 아주 적절한 인물이기도 하다. 하지만 두 사람 모두 하이몬의 입장에 대해선 손톱만큼도 배려하지 않는다. 더불어 그를 활용하여 상황을 풀려는 시도는커녕 생각조차 하지 않는다. 오직 자신들의 신념만이 중요하고 전부이다.

그리하여 마지막까지 죽을힘을 다해 정면으로 부딪쳐 안티고네는 자신의 목숨을, 크레온 왕은 아들과 아내의 목숨을 바치고서야 끝이 난다. 물론 죽음이란 어디까지나 상징적인 의미로서 현실에선 극한의 경우가 아니라면 목숨을 잃는 경우는 드문 일이겠다. 그러나 이 장면은 안티고네 유형의 고지식함이 어느 정도인지, 차라리 부러질지언정 휘어지지는 않는 완고함을 잘 보여주고 있다. 자칫 현대 안티고네 유형들 역시 한번 스스로 옳다고 여기는 일에 있어선 가족 관계나 일터에서 한치의 물러섬이나 타협 없이 부러질 때까지 뜻을 굽히지 않는 완고함을 드러내는 경우 단점이 될 수 있다.

내 맘대로 정의

안티고네도 크레온 왕도 목숨이 다하는 끝까지 한 치의 양보도 없이 투쟁적인데 도대체 왜 그렇게 투철한 걸까? 바로 자신들이 옳고 정의롭다고 굳세게 믿기 때문이다. 그러나 정말 중요한 것은 안티고네의 정의도 크레온 왕의 정의도 결국은 자신들이 주관적으로 세운 신념이라는 사실이다. 시대는 변한다. 그에 따라 사람들이 살아가는 방식도 변한다. 더불어 이 세상에는 정말이지 다양한 사람들이 함께 공존한다. 그만큼 저마다의 입장과 의견이 다양할 수밖에 없다. 그러나 안티고네 유형은 시대불문, 이 세상에는 오직 자신들이 세운 정의로운 신념 오직 그 하나뿐이다. 어떻게 단 한 사람, 자신만이 옳다고 여길 수 있을까.

사회적 불의에 맞서 일어설 때는 개혁적일 수 있으나 자칫 무조건 자신의 생각이 옳다고 여기기 시작하면 위험할 수도 있는 신념이다. 그러므로 현대 안티고네 후예들 또한 스스로를 정의롭다 여기고 상대방을 단죄하려 할 때, 한 번쯤은 한걸음 떨어져 나만 옳다고 주장하는 건 아닌지 객관적으로 살펴볼 필요가 있다. 안티고네는 이스메네가 함께하지 못하겠다 말하니 그 즉시 각자의 길을 가자며 두 사람의 관계에 금 긋기를 한다. 이는 내 편이면 옳고, 내 편이 아니면 틀리다는 전형적인 안티고네 유형의 태도로서 현대 안티고네 후예들도 여전히 반복하여 행하고 있는 단점 중의 하나이니 말이다.

당근 없는 채찍뿐

안티고네는 오빠가 죽자 여동생인 이스메네를 찾아가 함께 묻어주자고 행동을 촉구한다. 안티고네 유형은 다른 사람들도 자신들처럼 정의롭지 못한 일에는 참지 않고 목소리를 내야 한다고 믿기 때문이다. 바로 1유형이 자신들의 정의를 타인에게 강요하며 위험해지기 시작하는 순간이다. 그러나 안티고네와는 달리 동생인 이스메네는 겁도 많고 일상의 안위가 중요한 현실주의자로서 언니의 청을 받아들이지 못하고 뒷걸음질을 친다. 그러자 여동생 또한 자신과 함께 행동할 거라 굳게 믿었고 당연히 그래야 한다고 여겼던 안티고네는 그녀의 부당함을 지적한다.

이는 현대 안티고네 후예들이 가장 많이 저지르는 단점 중의 하나로서 안티고네 유형은 자신들만 통제하는 것이 아니라 타인에게도 무척이나 엄격하다. 즉 자신은 정의롭고 옳은 사람이라 믿기 때문에 다른 사람들이 저마다 다른 입장과 의견을 가질 수 있다는 사실을 받아들이지 않는다. 대신 예의 그 완벽주의 성향을 발휘하여 하나부터 열까지 (자신들이 생각할 때) 타인의 불의를 지적하며 (자신들이 믿는) 정의로운 행동으로 이끌려 한다(경우에 따라서는 지적받는 상대도 이론적으로는 안티고네의 말이 옳다고 생각하기도 한다. 다만 그 지적하는 강압적 태도나 말투가 너무도 싫어서 상대가 받아들이지 않는 경우도 많다). 이는 안티고네 후예들이 가정에서고 일터에서고 가장 많이 행하는 치명적 단점으로서 완벽주의를 지향하는 안티고네 유형은 당근은 주지 않고 계속해서 채찍만 몰아치는 스타일이다(게다가 역으로 자신이 한번 억울한 느낌이 드는 건 10년이 지나도 다시 꺼내어 억울하다 따지기도 한다). 분노를 터트렸다가도 바로 천진난만하게 웃기도 하는 헤라클레스 유형과는 달리 안티고네 유형은 시종일관 엄격하고 진지하니 상대방은 거의 숨이 막혀 죽을 것 같은 느낌을 받을 수도 있다. 안티고네의 후예들이 일상에서 종종 고립되는 이유라고 할 수 있다.

에니어그램으로 본 안티고네 유형의 성장 포인트
내가 안티고네의 후예라면

지적질 멈추기

안티고네 유형들의 가장 급선무는 무엇보다 먼저 상대방을 향한 '지적질'을 멈추는 일이다. 완벽주의를 지향하는 안티고네 유형들은 대개 날카로운 매의 눈을 지니고 있다. 예를 들면 사람들이 힘들여 대청소를 하고 나면 수고했다는 말을 하기보다는 손가락 끝으로 점검하여 잔여 먼지를 찾아내어 지적한다. 이래서는 누구라도 견디기 어렵다. 반면 고맙다는 말을 포함하여 칭찬에는 매우 야박하다. 그도 그럴 것이 기준 자체가 워낙 높으니 웬만해선 타인이 하는 일이 마음에 들지 않기 때문이다. 심지어는 대청소 후 먼지를 발견해 지적하는 것에서 멈추지 않고 직접 다시 혼자 청소를 하는 경우도 있다.

물론 불의가 넘치는 시대에는 안티고네 유형의 개혁적 성향이 반드시 필요하고 보통의 사회에서도 늘 도움이 되는 것은 사실이다. 그럼에도 매일 얼굴을 마주하는 사람들 사이에서 그토록 진지한 얼굴을 하고 대청소가 끝난 뒤에 손가락 끝으로 먼지를 체크하는 것처럼 상대의 일거수일투족을 바로 잡으려 한다면 그 지적질을 견뎌낼 수 있는 사람은 거의 없다. 옳고 그름을 떠나서 안티고네 유형이 가장 먼저 멈춰야 하고 개선해야 할 성장 포인트이다.

특히 안티고네 유형은 완벽주의 성향인 만큼 세상 그 누구도 발견할 수 없는 미세한 오류까지 잡아내는 사람들인데다 당근은 주지 않고 채찍만 휘두르는 사람임을 감안했을 때, 현대 안티고네 후예들이 타인을 향한 지적만 50% 아래로 줄일 수 있다면 일단 상대방이 어느 정도 숨쉬기가 가능하다. 더불어 (본인은 인식하지 못하지만) 안티고네 유형들 역시 자신과 타인의 오류를 잡기 위해 늘 긴장상태에 있으므로 지적질을 멈추면 무엇보다 자신들이 어느 정도 긴장감을 완화할 수 있다.

나만 옳다는 완고함 누그러뜨리기

신화 속에서 안티고네가 등장하는 장면들은 긴장감의 연속이다. 여동생을 만나도 크레온 왕을 만나도 불꽃 튀는 대결이 계속되며 긴장을 풀 사이가 없다. 이것이 바로 현대 안티고네 후예들의 일상적인 모습이다.

물론 안티고네 후예들이 일상에서 목숨을 걸고 부딪히지는 않는다. 그러나 일상의 일들에서 마치 목숨 건 투사처럼 부딪히는 건 사실이다. 그러니 안티고네 유형은 자신도 모르게 마음은 물론 그 표정까지도 늘 진지하고 경직되어 있다. 거기다 만약 극단의 갈등으로 치달을 때는 장형의 분노를 바로 외부로 표출하는 헤라클레스 유형과는 달리 안티고네 유형은 분노를 억제하는 경향이 있다. 일명 압력밥솥 같다는 소리를 듣는 이유이다.

이래서는 세상 그 누구도 무조건 자신이 옳다고 투사처럼 잔뜩 긴장해있는 안티고네들과는 편히 지내기 어렵다. 그러니 압력을 빼고 긴장감을 좀 완화해보자. 과연 어떡해야 나도 타인도 편히 숨 쉴 수 있을까?

(본인들은 기겁하겠지만) 가장 쉬운 방법으로 자신들이 하고자 하는 목표량의 80%만 달성하는 여유를 갖자. 그렇게만 해도 평균 이상일 가능성이 매우 높다. 만약 단박에 그러기가 힘들다면 최소한 남들이 나눠서 할 일을 혼자 다 해치우려 들지는 말자. 안티고네 유형이 타인에게도 엄격한 이유는 자신들은 완벽해지려 죽도록 노력하는데 남들은 왜 그러지 않냐는 억울함과 원망하는 마음이 돌기 때문이니 내 일에 남의 일까지 보태서 과한 책임량을 짊어지지 말도록 하자.

대신 지금까지 죽도록 달려온 나를 칭찬해주도록 하자. 얼마나 열심히 노력하며 달려왔는지 말이다. 더불어 가정에서든 일터에서든 함께 하는 사람들에게 고마움도 표시하고 칭찬도 해보도록 하자(말로 하기 거북하면 초콜릿 같은 작은 선물을 건네는 것도 좋겠다). 만약 감사할 일이나 칭찬 거리가 안 보이면 억지로라도 찾아보자. 이 세상 누군들 고마운 일 하나, 칭찬해줄 일 하나 없는 사람은 없기 때문이다. 그렇게 자신과 타인에게 숨 쉴 틈을 주고 일상에서 조금씩 여백을 만들어가면 안티고네 후예들의 경직성도 조금씩 풀리며 갈등 상황에서도 극단으로 치닫는 완고함에서 서서히 벗어나기 시작할 수 있다.

완벽하게 불완전한 나를 받아들이기

타인을 향한 지적을 멈추고 경직성에서 벗어난 안티고네 후예들이 궁극적으로 지향해야 할 성장 포인트는 무엇일까? 바로 에니어그램에서 안티고네 유형의 성장점인 오디세우스의 즐거움을 안티고네의 후예들도 느껴보는 것이다. 그러나 늘 경직되어 자신을 채찍질하며 완벽한 사람이 되고자 노력하는 안타고네에게 즐거움이란 너무 멀게만 느껴진다. 과연 어떡해야 할지 말이다. 안티고네의 후예들이 신나게 바다를 떠돌며 인생을 즐기는 오디세우스의 즐거움을 느끼기 위해선 무엇보다 '완벽하게 불완전한 나'를 받아들여야 한다.

그리스 신화 속에 다른 신들과는 달리 쉼 없이 일만 하는 대장장이 신, 헤파이스토스가 또 다른 안티고네 유형이라 할 수 있다. 헤파이스토스는 자신의 몸은 절름발이로 불완전한데 자신이 만드는 무기나 용구만큼은 완벽하게 만들어 내려 한다. 이처럼 안티고네 유형은 사람은 누구나 불완전한 존재임을 잊은 채, 닿을 수 없는 완벽주의 이상을 향해 매일 대장간에서 풀무질을 하는 헤파이스토스와 같다. 안티고네 유형들은 자신이 정한 목표를 달성하기 위해 언제, 어디서나 쉴 새 없이 스스로를 끊임없이 채찍질하고는 한다.

그런데 인간이 이루는 것이 과연 완벽할 수 있을까? 아무리 대단한 올림픽 신기록도 언젠가는 깨지게 되어 있고, 그 어떤 과학 발전도 다음 세대에 가면 퇴물이 되거나 심지어 무용지물이 되기도 한다. 즉 세상은 변하고 인간은 불완전하다. 완벽이란 가히 신의 영역이자 인간은 불완전하기에 내일 어떤 일이 일어날지 궁금해지고 기다려지는 이유이다.

안티고네 유형들이 아무리 지금 이 순간 완벽한 무언가를 이루었다 해도 내일이면 또 다른 누군가가 와서 다른 시도를 하는 것. 그것이 다양한 사람들이 어우러져 살아가는 모습이다. 그런 의미에서 안티고네 유형의 성장 포인트가 다양한 일들에 호기심을 갖고 여러 가지 경험을 하며 즐거워하는 오디세우스 유형인 것은 시사하는 바가 크다고 할 수 있다.

그러므로 현대 안티고네의 후예들이 자신들 또한 불완전한 존재임을 인정하고 받아들이면 바다를 떠돌며 모험을 즐기는 오디세우스처럼 세상 즐거움에 자신을 열 수 있다. 그러면 비로소 옳으니까 하는 것이 아니라 좋으니까, 즐기면서 할 수 있는 흥미로움이 내 삶 속으로 들어올 수 있다. 그런 삶을 일궈나갈 때, 안티고네 후예들이야말로 이 세상에서 그 어떤 유형보다도 '즐겁고 신나는 개혁'을 일으킬 수 있다. 미래 안티고네 후예들에 의해 다시금 개선될 완벽하게 불완전한 개혁 말이다!

안티고네 유형을 위한 성장 TIP!

오디세우스의 즐거움

저승의 왕
하데스는
왜 페르세포네를
납치하였을까?

느긋함과 무한 욕망을 오가는 하데스

느긋함과 무한 욕망을 오가는
하데스

하데스의 자기고백

> 음…… 저는 …… 하데스입니다. '보이지 않는 자'라고도 합니다. 이름이…… 참 좋습니다. 보이지 않는다……. 아무도 절 볼 수 없다는 말이겠죠… 한시름 놓았습니다. 전 지상에 나가면 태양이 너무 눈부셔서 그게 영 불편합니다. 사람들도 다 저만 쳐다보는 거 같고… 그게 왜 불편한지는 모르겠는데 여하튼 그렇습니다. 그래서 지상에 나가는 것도, 밝은 곳에서 사람 만나는 것도 힘이 듭니다.
>
> 근데 대장장이 신이 만들어준 보이지 않는 투구를 쓰면 염려 없습니다. 그걸 쓰고 세상에 나가면 괜찮습니다. 사람들이 절 쳐다보지도 않고 신경도 안 쓰니 너무 편합니다. 그래서 가끔씩 나가 한 바퀴 둘러보고 옵니다. 근데 자주는 안 나갑니다. 피곤합니다. 그냥 저승에서 느긋하게 편히 쉬는 게 더 좋습니다. 여기선 감히 아무도 절 똑바로 쳐다보지 않습니다. 제가 나가면 다 고개를 숙이니까요. 아무도 절 쳐다보지 않으니 너무 편합니다. 이곳에 머무는 게 가장 좋습니다.

저의 집은 저승입니다. 형님이 두 분 계시는데 제우스 형님과 포세이돈 형님입니다. 형님들이 어떤 괴물하고 싸우는데 도우라 해서 한번 도운 적이 있습니다. 그때 형님들이 저승을 주셨습니다. 형님들이 하늘과 바다가 아니라 시커먼 저승을 줘서 미안해하셨습니다. 근데 뭐 하늘이면 어떻고 저승이면 어떻습니까. 그래 봐야 결국 다 우리 삼 형제가 다스리는걸요. 그저 처음엔 어찌 다스려야 할지 몰라 좀 당황했습니다. 근데 아무것도 안 해도 돼서 너무 좋습니다. 제우스 형님은 인간들은 물론 신들의 문제까지 다 해결해줘야 합니다. 포세이돈 형님은 사람들이 매일 바닷길 무사히 보살펴달라 애걸복걸합니다. 그래서 가끔씩 화를 내시는 것도 같습니다. 두 분 다 너무 골치 아프실 것 같습니다. 저승에는 저한테 그런 요구하는 인간은 없습니다. 그게 참 다행입니다….

사람들은 때가 되면 다 이곳으로 옵니다. 오기 싫어하는 사람도 많은 것 같습니다. 이렇게 편하고 좋은데 왜 그런지 잘 모르겠습니다. 한번 들어오면 다신 안 나가도 되고 아무것도 안 하고 영원히 이렇게 살면 되는데 말입니다. 뭐 그렇다고 크게 문제를 일으킨 사람은 없었습니다. 때가 되었는데도 안 오면 저승사자인 타나토스를 보내면 되고. 좀 문제가 심각한 사람은 케르베로스를 시켜서 지옥으로 끌고 오면 되고. 그럼 대충 다 해결됩니다. 그래서 이곳은 늘 아무 문제 없습니다. 아주 편안… 합니다.

네…? 산 사람들이 와서 문제를 일으킨 적이 있지 않냐고요…? 네… 뭐… 그렇기는 한데…. 크게 문제는 없었습니다…. 각자 볼일들 보고 갔다가 때가 되면 다시 오니까요…. 아마… 헤… 뭐라는 이였습니다. 머리에 사자머리를 뒤집어쓴 자였는데… 케르베로스를 달라며 제 어깨에 화살을 쐈는데… 그때는 좀 아팠습니다. 그렇게까지 안 해도 달라면 줄 텐데 말입니다… 그 외에는 뭐 그다지 기억나는 문제가 없습니다… 다 괜찮았습니다. 그냥 기다리면 됩니다. 어차피 다들 때가 되면 오니까. 말썽 피우는 이들은 오면 그때 묶어놓으면 됩니다. 그러다 한 억겁쯤 지나서 풀어주든지 그냥 두든지 합니다. 서두를 일은 아니니까요….

왜 그런지는 모르겠는데 사람들이 절 좀 두려워하는 거 같습니다…. 아무 공격도 안 하고 때가 되기를 기다리기만 하는데 말이죠. 전 세상에 아무 피해도 안 주고 아무 욕심 없이 이곳에서 조용히 느긋하게 살아갈 뿐입니다. 전 저승이 정말 좋습니다. 필요한 건 다 있습니다. 사실 형님들의 하늘, 바다 모든 것들도 때가 되면 다 저한테 옵니다. 그리고 무엇보다 한번 이곳에 온건 영원히 제 것입니다. 그러니까 결국 세상 모든 건 영원히 제 것이기도 합니다. 그래서 전 아무 욕심이 없습니다. 앞으로도 아무 욕심 없이 천년만년 페르세포네와 편안하게 살아갈 겁니다. 느긋하게 기다리며 천년만년 그렇게 말입니다….

느긋하게 모든 것을 소유하려는 병풍 같은 삶

하데스는 제우스의 동생으로서 형님인 제우스가 티탄 신족과 신들의 왕위 쟁탈전을 벌일 때 포세이돈과 함께 제우스 편을 든다. 신들의 대장장이인 키클롭스는 이때 비장의 무기로 제우스에게는 천둥과 번개, 포세이돈에겐 삼지창, 하데스에게는 머리에 쓰면 보이지 않게 만드는 투구를 만들어 준다. 제우스는 10년에 걸친 양보할 수 없는 전쟁에서 자신의 주 무기인 벼락과 천둥으로 결국 최후의 승자가 된다. 신들의 왕이 된 제우스는 자신은 하늘, 즉 세계를 지배하고 포세이돈에게는 바다를 하데스에게는 저승 세계의 지배권을 넘겨준다. 이로써 세상은 제우스, 포세이돈 그리고 하데스 삼 형제가 다스리는 올림포스 신족의 시대가 시작되었다.

큰 형인 제우스는 신들의 지배자가 되자 자신의 권력을 마음껏 뽐내며 세상 구석구석 영향력을 행사한다. 뿐만 아니라 절세 미인인 헤라 여신을 아내로 얻고도 여신은 물론이고 인간 여인들과도 수많은 염문을 뿌리며 불륜 행각을 멈추지 않는다. 또 다른 형인 포세이돈 역시 그의 상징인 삼지창으로 바다를 휘저으며 거친 파도를 일으켜 자신을 존중하지 않는 선원들과 배를 난파시키는 것으로 스스로의 존재감을 드러내며 바다를 다스린다.

두 형이 시끌벅적하게 하늘과 바다를 다스리는 것에 비해 막내 하데스는 있는 듯 없는 듯 존재감을 드러내지 않고 조용히 저승 세계를 다스리고 있었다. 대개 시간을 지하 세계에 머무르며 어쩌다 지상 세계로 올 때는 예의 그 보이지 않는 투구를 쓰고 남들이 자신의 존재를 몰라보게 하였다. 그러던 그가 어느 날 세상은 물론 올림푸스 신들까지도 깜짝 놀랄 일을 벌였으니 바로 페르세포네를 납치하여 자신의 아내로 삼은 일이었다.

사실 그가 처음부터 페르세포네를 납치하려고 지상에 올라온 것은 아니었다. 하데스는 형들처럼 뚜렷한 목적이나 목적을 달성하기 위해 전략을 세우는 신이 아니다. 제우스가 티탄족을 물리치고 신들의 왕이 된 이후에도 모든 저항이 한순간에 평정된 것은 아니었다. 그중 백 개의 팔을 가진 괴물들이 반기를 들었다. 제우스는 괴물들을 정복하여 에트나 산 밑에 산 채로 가두었다. 그러자 괴물들이 도망치기 위해 가끔씩 몸부림을 치면 시칠리아섬 전체가 흔들릴 정도였다. 그날 또한 그런 날들 중 하나였다. 유독 흔들림이 강하여 지하 깊은 곳까지 지진이 날 정도였다. 그러자 자신의 저승 세계가 행여 지진에 흔들려 지상에 드러날까 염려한 하데스가 검은 말이 이끄는 둔탁한 마차를 타고 지하 세계로의 입구가 안전한지를 점검하러 지상으로 올라왔다.

하데스가 지상에 스스로 모습을 드러낸 것은 매우 희귀한 일이었는데 마침 사랑의 여신인 아프로디테가 우연히 그를 보게 되었다. 여신은 평상시 저승의 신인 하데스를 심히 못마땅하게 생각하였다. 신들의 신이라 일컫는 제우스조차 사랑에서 자유롭지 못하고 포로가 되는데 유독 하데스만이 지하 깊은 곳에서 사랑에 별 관심을 보이지 않고 살고 있었기 때문이다. 이는 분명 사랑의 여신인 자신을 깔보기 때문이라 여긴 아프로디테는 이때다 싶어 아들인 에로스에게 명령을 내렸다.

"어머, 에로스야. 저기 좀 봐! 저승의 신, 하데스다! 세상에~ 웬일이니. 저 느림보 굼벵이가 지상에 다 올라오고. 저 육중하고 둔탁한 걸음 좀 봐라. 땅 꺼지겠다, 땅. 아들아, 빨리 화살을 날려라! 저 느림보가 사랑에 빠지면 어찌 되는지 좀 보자. 이건 천만년에 한번 있을까 말까 한 기회. 지가 뭐라고 허구한 날 지하에 처박혀서 다 가졌네, 편하네 하는데 사랑에 빠져서도 그런 팔자 늘어진 소리 하고 있을지 함 두고 보자꾸나!"

어머니의 말이라면 거역할 줄 모르는 에로스는 그 즉시 하데스를 향하여 사랑의 화살을 쏘아 심장을 맞혔다. 에로스의 화살을 정면으로 맞은 하데스는 한동안 정신을 못 차리고 제자리에 서서 눈만 껌벅껌벅했다. 뭔가 가슴에 맞은 것 같고, 느낌이 다른데 이게 뭔지는 분간을 못 하였다.

그러다 문득 한 여인이 눈에 들어왔다. 마침 친구들과 숲으로 놀러 나와 꽃을 따고 있던 대지의 여신, 데메테르의 외동딸 페르세포네였다. 원래 아름답기도 하였지만 에로스의 화살까지 맞은 하데스는 그녀를 보고 심장이 막 울렁거렸다. 하지만 태어나 한번도 사랑에 빠져본 적이 없는 하데스는 왜 그러는지 이유를 몰랐다. 그저 얼굴이 벌겋게 달아올라 땀까지 삐질삐질 흘리는가 싶더니 순식간에 마차에 올라 페르세포네를 향해 말을 몰았다. 마침 그곳이 저승 입구인 줄도 모르고 꽃을 따기 위해 페르세포네가 손을 뻗친 바로 그 순간 갑자기 땅이 쩍 갈라지며 하데스의 시커먼 말이 지상으로 솟구쳤다. 그리고 순식간에 페르세포네를 낚아채 그녀가 살려달라 비명을 지를 사이도 없이 마차에 태우고는 땅속으로 쑥 들어갔다. 언제 그랬냐는 듯 대지는 다시 조용해졌다. 오직 페르세포네만 흔적도 없이 사라지고 그녀가 꽃을 따기 위해 둘렀던 앞치마만 바람결에 날릴 뿐이었다.

뒤늦게 이 사실을 알게 된 페르세포네의 어머니, 데메테르는 식음을 전폐하고 드러누웠다. 농업의 여신인 데메테르가 대지를 돌보지 않고 몸져눕자 곡식들이 말라가고 땅이 갈라졌다. 급기야 굶어 죽는 사람들까지 나오며 먹을 것이 없어 아무도 신들에게 제를 올리지 않게 되었다. 그러자 이제껏 방관하던 올림푸스 신들이 저마다 나서서 제우스 신에게 하소연을 하였다. 할 수 없이 제우스가 데메테르에게 사실대로 알려주고 하데스에게 페르세포네를 다시 돌려주라 하기로 결정하였다. 여신과의 약속을 지키기 위해 제우스가 전령의 신, 헤르메스를 하데스에게 보냈다. 하데스를 만난 헤르메스가 전령의 신답게 유려한 말을 늘어놓았다.

"하데스님 오랜만에 뵙겠습니다. 다름 아니라 여왕에 오르신 페르세포네님 일로 제우스 신께서 보내셔서 왔습니다. 제우스님께선 하데스님께서 페르세포네님을 여왕으로 맞이하시는 것에는 그다지 반대 의견이 없습니다만, 다만 그 방법적인 면에서 조금 문제의 여지가 있었다 여기십니다. 그래서 일단 여왕님을 어머니이신 데메테르 여신께 돌려보내는 것이 좋겠다는 말씀이 계셨습니다. 즉, 그 말씀은"

"제우스 형님이…? 음… 알았어…."

헤르메스의 말이 끝나기도 전에 하데스는 제우스 형님이란 말 한마디에 순순히 그러마 하였다. 이로써 아무 갈등 없이 모든 문제가 해결되는 것 같았다.

이윽고 다시 딸을 만난 데메테르 여신이 지하 세계를 떠나기 전 혹시 뭔가를 먹지 않았냐 묻자 페르세포네는 아무것도 먹지 않았다고 했다. 그러자 곁에서 지켜보던 아케론 강의 아들 아스칼라포스가 석류를 먹었다고 고해바친다(일설에 의하면 꿍꿍이가 심한 하데스가 속여서 먹인 것이라고도 하고, 양쪽 세계에 다 살고 싶었던 페르세포네가 자진해서 먹은 것이라는 설도 있다). 이로써 페르세포네는 일 년 중 반년은 지상에서, 나머지 반은 하데스와 살게 되었다. 어떤 이유이든 산 사람이 지하 세계를 방문했다 돌아갈 때 만약 석류 한 알이라도 먹으면 그 사람은 하데스의 소유가 된다는 저승의 룰이 있기 때문이다. 아스칼라포스의 고자질로 거짓말이 들통 난 페르세포네는 보복으로 그를 저승으로 끌고 가 올빼미로 변신시켜 큰 바위로 눌러놓았다.

결국 하데스는 비록 일 년의 반이긴 하지만 페르세포네를 아내로 맞아들였다. 그렇게 또다시 있는 듯, 없는 듯 함께 조용히 살아가던 어느 날이었다. 헤라클레스가 12가지 과업 중 마지막인 지옥을 지키는 개, 케르베로스를 잡으러 지하 세계로 들어서자 늘 조용했던 곳이 왁자지껄해졌다. 평화롭기만 하던 지하세계가 난데없이 시끄러워지자 하데스가 무슨 일인가 싶어 저승 입구로 나왔다 헤라클레스와 마주쳤다. 저승의 주인, 하데스가 본능적으로 막아서자 헤라클레스가 활을 쏘아 하데스의 어깨를 맞췄다.

"아야! 아……퍼……. 왜 그…래…?"

"케로베로 줘. 가져가야 해!"

"케로베로…? 그게 뭐…야…?"

"것도 몰라! 지옥개. 케로베로! 빨리 내놔!"

"아… 케르베로스… 그럼 말로 하지… 가져가…."

하데스의 말이 떨어지기가 무섭게 성질 급한 헤라클레스는 화살을 쏴서 미안하다는 말 한마디 없이 쏜살같이 달려갔다. 그 모습을 지켜보며 하데스가 느릿하게 혼자 말을 중얼거렸다.

"케로베로가 아니고 케르베로스거든…."

지옥문을 지키는 케르베로스를 내주자 의심 많고 걱정 많은 페르세포네가 상처를 싸주며 숨도 안 쉬고 잔소리를 들어 놓았다.

"지옥문이 열리기라도 하면 어쩌려고 내주셨어요? 그러다 나쁜 놈들 다 튀어나와 당신한테 덤비면 어쩌려고요? 지상에서 나쁜 놈은 이제 또 누가 데려와요? 헤라클레스가 저렇게 저승을 휘젓고 다니게 만들면 어떡해요! 그러다 저승 주인 자리라도 차고앉으면 어떡하시려고요. 아이, 참. 당신도 그렇게 순해 터져서 어떡해요!"

"걱정 마. 케르베로스가 지상에 가면 나쁜 놈들은 더 빨리 죽어. 다들 못 견디거든. 그리고 지옥문은 일단 한번 끌려 들어가면 내가 열어주기 전에는 절대 못 나오고. 그러니까 뭐 잠시 빌려줘도 괜찮아. 그리고 헤라클레스는 절대 여기 안 살아. 그 녀석이 노리는 건 하늘 자리거든. 제우스 형님 자리. 그니까 당신 염려 안 해도 돼. 아이고… 아파. 살살 해 좀. 아파…."

그 시간, 모험심에 가득한 헤라클레스는 주인이 길을 내준 저승 세계를 마치 자신이 대장인 양 마음껏 휘저으며 돌아다니고 있었다. 우선 페르세포네가 석류를 먹었다 고자질한 죄로 올빼미로 변하여 끌려와 바위에 눌려있는 아스칼라포스를 구해주었다. 얼마쯤 가다 이번엔 페르세포네에게 반하여 저승까지 찾아온 페이리토오스와 그의 안내자, 테세우스가 하데스에게 들통이 나 바위에 결박당한 것을 발견하였다. 두 사람은 헤라클레스를 보자 구세주를 만난 듯 밧줄에 묶인 손끝을 뻗치며 살려달라 애원했다. 헤라클레스는 테세우스를 구하였다. 그러자 아무것도 안 보는 척 모든 걸 보고 있던 하데스가 이 장면을 보고 발로 땅을 굴렀다. 그 바람에 천하의 헤라클레스도 페이리토오스는 구하지 못하였다.

"에구구~ 아니, 당신 갑자기 왜 그래요? 사람 놀랐잖아요!"

느닷없이 땅이 울려 쓰러질 뻔했던 페르세포네가 놀라서 소리를 질렀다.

"응… 아무것도 아니야. 그냥 좀 그랬는데 이제 괜찮아…."

길잡이는 몰라도 페르세포네를 넘봤던 페이리토오스는 용납할 수 없다는 하데스, 저승의 진정한 주인은 역시나 그였다. 천하의 헤라클레스조차 그가 용인하기에 휘젓고 다닐 수 있었던 것이다.

사실 하데스는 산 사람을 명이 다하기 전에 저승 세계로 데려오는 일은 거의 하지 않았다. 가만히 두어도 때가 되면 인간은 모두 자신의 세계로 올 수밖에 없기 때문에 굳이 귀찮은 일을 만들 필요가 없다고 여기기 때문이었다. 그러나 감히 지하 세계까지 찾아와 자신의 아내를 넘본 페이리토오스는 그대로 결박하고 지상으로 돌려보내지 않았다. 또 한 사람 명이 다하지 않았는데 산 채로 끌려온 이가 아스클레피오스였다. 아스클레피오스는 죽은 사람도 살린다는 명의로서 신들도 부러워하는 경지에 도달한 의사였다. 어느 날 그가 명성에 걸맞게 진짜로 죽은 사람을 되살려 놓자 자신의 영역에 도전한 것에 격분한 하데스가 아스클레피오스를 잡아가 인간 전체에게 본보기를 보였다. 다만 이때도 그를 직접 죽게 만든 것은 하데스 자신이 아니라 제우스였다. 어떤 경우에도 가능한 자신이 직접 나서는 것은 피하지만 그렇다고 자신의 영역을 침범하는 자를 그냥 두지는 않았다.

그런가 하면 저승사자인 타나토스를 가두면서까지 죽음을 회피하려 몸부림치는 시시포스는 느긋한 마음으로 기다렸다. 제우스에게 미움을 산 시시포스는 타나토스를 가두는 등 갖은 꾀를 부려보지만 결국 하데스 앞에 끌려왔다. 그는 저승의 왕 하데스에게 손이 발이 되도록 빌면서 조금만 더 살게 해달라고 별별 얘기를 다 늘어놓았다.

"어이구~ 신이시여, 신이시여. 세상에서 가장 강력하고 무서운 신이시여. 부디 제게 사흘만 말미를 주세요. 아, 글쎄. 제 마누라가 칠칠맞지 못하게 제 장례를 치르지 않았다는 거 아닙니까. 저승 대마왕님도 아시다시피 장례를 치르지 못하고 여기에 오면 영원히 구천을 떠돌아다녀야 하는데 제~발, 제~발 한 번만 봐주세요. 얼~른 가서 후~딱! 장례만 치르고 돌아오겠습니다요!"

하데스는 순순히 시시포스를 놓아주었다. 역시나 참견하기 좋아하는 페르세포네가 참지 못하고 또 참견을 하였다.

> "여보. 당신은 어째서 그런 인간 말을 순순히 들어주시는 거에요. 당신 위엄이 안 서잖아요. 이 사실이 소문이라도 나봐요. 그럼 너도, 나도 다시 돌려보내달라 난리가 날 거 아니에요, 난리가! 어휴~ 정말 이젠 제가 다 속이 터지려고 하네요!"

> "괜찮아… 나를 속이면 시시포스가 그 벌까지 받아야 해. 그 사람 아마 지상에서 잠깐 더 살고 와서 그 벌로 몇 겁은 바위를 굴려야 해… 어쩌면 영원일 수도 있어…."

> "어머! 근데 왜 그걸 말도 안 해주고 그냥 보냈어요?! 그럼 그렇다 설명해주고 그냥 여기 붙잡아둬야 했잖아요!"

> "내가…? 내가, 왜…?"

알고도 속고 모르고도 속는 하데스는 어떤 경우에도 서두르지 않는다. 시시포스 역시 명이 다하여 저승으로 돌아오자 하데스는 영원히 바위를 산 정상으로 굴려 올리는 가혹한 형벌을 내렸다. 그때그때 재깍재깍 반응하진 않지만 그렇다고 자신이 당한 걸 잊지도 않는 자, 그가 바로 저승의 신 하데스이다. 이렇듯 지하 세계의 절대 권력자 하데스는 인간 전체에게 본보기를 보여야 하는 때를 제외하고는 대개는 느긋하게 침입자들을 대하는데 이는 그 누구도 자신의 세계를 벗어나지 못할 거라는 생각 때문이다.

하데스는 다른 신들처럼 절대 앞으로 나서거나 대단한 활약을 벌이지 않으며 가능한 모든 번거로운 일들은 회피하며 한걸음 물러나 병풍처럼 살아간다. 그러나 지상 그 어떤 생물도 죽지 않는 것은 없다. 아무리 발버둥쳐 봐야 언젠가는 모두 죽음을 맞아 하데스 앞에 무릎을 꿇어야 한다. 그걸 아는 하데스는 결코 서두르는 법이 없이 느긋하게 때를 기다릴 뿐이다.

한편 지하세계에는 지상 사람들의 눈에는 보이지 않는 어마어마한 지하 자원이 묻혀 있다. 그러나 하데스는 굳이 그걸 활용해서 뭔가를 하려 들지도 않는다. 그냥 가만히 둬도 자신의 세계는 부가 넘쳐 흐르기 때문이다. 그런 의미에서 고대 국가 최초로 전 유럽을 정복한 로마 제국에선 그를 '부유한 자'라는 의미를 지닌 '플루토'라고 부르며 섬겼다. 제국주의자들이 볼 땐 그야말로 힘과 부를 거머쥔 진정한 권력자였던 것이다. 그리하여 하데스는 오늘도 세상 모든 것을 블랙홀처럼 자신의 세계로 빨아들이며 느긋하게 살아가는 중이다. 하데스 본인 말처럼 저승에는 모든 것이 다 있다. 멈출 수 없는 그의 욕망 그대로, 영원히.

에니어그램으로 본
하데스 유형 분석

유형 특성

에니어그램으로 볼 때 하데스는 세상을 이기고 지는 대결의 장으로 보는 장형이다. 장형들은 세상을 자신의 뜻대로 하고자 하는 유형으로, 그중 하데스 유형은 안팎으로 쓰는 에너지의 힘이 팽팽히 맞서는 9유형, 장형 균등형이다. 하데스 유형은 안팎으로 흐르는 힘이 팽팽히 맞서며 표면적으론 장형 특성이 사라진다. 세상을 힘으로 지배하려는 헤라클레스 유형이나 자신을 완벽

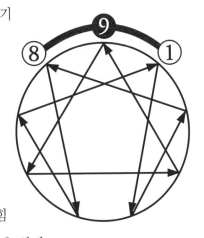

하게 만들어 세상에서 주도권을 행사하려는 안티고네 유형에 비해 하데스 유형은 그와 같은 지배욕을 느끼지 못하며 오히려 아무것도 주도하려 들지 않는다(그런 만큼, 하데스 유형들은 자신이 욕망이 가장 많은 9유형이란 사실을 쉽게 받아들이지 못한다).

그렇다고 하데스 유형이 다른 장형 유형처럼 세상을 지배하고 싶은 욕망이 없는 것은 절대 아니다. 오히려 그 어떤 장형보다 더 큰 욕망 탱크를 지니고 있다. 다만 대개 하데스 유형은 (같은 장형이지만 외향인 헤라클레스 유형이 자신의 욕구를 마음껏 분출하거나 내향인 안티고네 유형이 최소한 신념을 지킨다는 명목으로 욕구 발산을 하는 것과는 달리) 자신들의 욕망을

억제한 체 인식하지 못하며 살기 때문에 스스로도 답답함을 느끼는 경우가 많다.

그런가 하면 (인식은 못하지만) 본능적으로 자신들의 큰 야망을 이루기 위해 일상의 욕구는 최소화시킨다. 예를 들면 본인도 잘 모르고 인정하지 않지만 속으로는 대저택에 살고 싶은 욕망 때문에 돈을 모으려고 자신의 능력보다 훨씬 더 작은 집에 사는 식이다(심지어 단칸방에 살면서 자동차는 20년씩 타고 휴지 한 조각도 아끼며 살 수도 있다). 그러나 정작 자신들이 진짜 원하는 건 대저택이기에 평상시 그토록 좁은 집에서 휴지 한 장까지 아끼며 사는 것에서 알 수 없는 답답함을 느낀다. 즉 자신의 힘이 어느 정도인지, 어떤 야망을 지녔는지도 모른 채, 내 안에 꿈틀대는 거대한 힘과 욕망을 막연히 느끼며 그것을 실현하기 위해 일상에서의 욕구는 최소화하며 느린 걸음으로 밀고 나가는 유형이다.

그러므로 하데스 유형 본인도 알아차리기 어려운 자신들의 거대한 욕구를 남들이 알아차리기는 더욱 어렵다. 주변 사람들은 하데스 유형이 대개는 입을 꾹 다물고 무언가를 향해 꾸준히 밀고 나가는 것에 저력이 있다거나 반대로 꿍꿍이가 있다거나 혹은 참으로 답답하다는 느낌을 받는 정도이다.

제우스 삼형제는 티탄족들과 올림푸스 신전의 주인 자리를 놓고 전쟁을 벌여 제우스는 하늘을, 포세이돈은 바다를 차지하고 하데스에겐 어두운 저승 세계를 맡기며 미안해한다. 그러나 정작 하데스 본인은 저승 세계를 너무 좋아하는데 이는 하데스 유형이 제우스나 포세이돈만큼 욕심이 없어서가 아니다. 그보다는 저승이라는, 즉 아무도 넘볼 수 없는 자신만의 영역을 차지한 후 그곳에 안주하고 싶은 성향을 상징적으로 보여주고 있다. 게다가 대장장이 신에게 선물 받은 보이지 않는 투구 역시 전형적인 9유형의 특성 중 하나이다. 즉 하데스 유형은 자신들이 주도권을 쥘 수 없는 곳에서는 사람들의 관심을 끌거나 어울리기보다는 투명인간처럼 자신의 존재를 드러내지 않고 모든 것을 지켜보고 싶어 하는 성향이 있다.

반면 자신의 세계인 저승에서 하데스는 천하태평 그 자체이다. 그 누가 찾아와도 어지간해선 모습을 드러내지 않고 마음대로 하게끔 내버려 둔다. 시시포스가 자신을 속여도 개의치 않는다. 이는 소소한 갈등을 엄청 싫어하는 유한 성격 때문이기도 하지만 상대가 적수가 안 된다고 여길 때의 관대함이기도 하다. 그러나 헤라클레스가 페르세포네를 넘보고 지하세계로 찾아온 페이리토오스를 풀어주려 하자 허용하지 않는다. 결정적인 순간에는 자신이 지배자임을 확실히 하는 것이다.

한마디로 하데스 유형의 가장 큰 바람은 저승으로 상징되는 자신만의 거대한 세계를 구축하고 그곳의 지배자가 되어 느긋하게 살아가는 것이다. 그러므로 하데스의 후예들 중에는 (자신들의 욕망이 어느 정도 거대한지도 모른 채) 원하는 바를 이루기 위해 포기를 모르는 저력을 발휘하기도 한다. 그러다 만약 그 과정에서 자신의 뜻대로 일이 풀리지 않으면 바위처럼 단단한 고집을 부리며 버티기도 한다. 즉 하데스 유형은 자신의 큰 욕망을 이루기 위해 한번 마음먹은 일에 있어선 포기를 모르는 저력을 발휘하거나 반대로 너무 과한 욕망에 눌려 일상에선 오히려 고집불통이 되거나 게으름을 부리기도 하는 유형이다.

긍정적 측면

구름처럼 편안한 느긋함

하데스는 시시포스가 감히 자신을 속이고 다시 지상으로 돌아갈 때도 느긋하게 보내준다. 결국 때가 되면 돌아 올 것이라 여기며 천하태평이다. 같은 장형인데 주도권을 잡기 위해 늘 타인을 공격하는 헤라클레스나 자신의 의견만이 옳다고 주장하는 안티고네에 비해 얼핏 보면 장형이 맞나 싶을 정도로 자기주장 없이 타인의 의견을 수용하기도 한다. 장형 중에선 유일하게 평상시엔 함께 있어도 편안한 사람들이다.

심지어 같이 싸우고도 형들인 제우스나 포세이돈이 각각 폼 나는 멋진 하늘과 바다를 차지해도 불평 한마디가 없다. 그저 자신에게 주어진 저승 세계를 묵묵히 이끌어갈 뿐이다. 이는 어느 상황에서도 갈등을 피하려는 하데스 유형의 장점 중 하나이다. 그런 만큼, 현대 하데스의 후예들 중에는 작게는 점심 메뉴부터 크게는 실적 성과에 이르기까지 어지간한 일에는 거의 대부분 다른 사람들에게 양보하며 오늘도 사람 좋은 웃음을 지으며 살아가고 있을 가능성이 높다. 느긋하고 편안함. 일상을 살아가는 하데스 유형의 모습이다.

큰 배포와 저력

하데스는 헤라클레스가 자신이 주인인 저승 세계에 와서 자기를 화살로 쏘고 지옥을 지키는 케르베로스를 데려가도 크게 개의치 않는다. 심지어 헤라클레스 마음대로 테세우스를 풀어줘도 그 정도는 못 본 척한다. 참으로 하데스 유형만이 가능한 통 큰 배포가 아닐 수 없다. 그러나 헤라클레스가 페르세포네를 넘보았던 페이리토오스까지 풀어주려 하자 이는 단호히 막는다. 이럴 때는 천하의 헤라클레스도 꼼짝 못하게 만드는 하데스만의 저력이다.

하데스 유형은 남들이 꺼려하는 저승조차 저승이 뭐 어때. 여기에 모든 게 다 있잖아. 이런 식이다. 행여 사고형들이 소소한 일로 따지고 들라치면 (비록 겉으로 티는 내지 않더라도) 쩨쩨하다 여기며 통 크게 양보한다. 대신 하데스 유형은 자신이 마음먹은 것은 언젠가 다 이루게 될 것이라 여기며 꾸준한 저력을 발휘한다. 한마디로 현대 하데스의 후예들 중에도 많은 이들이 '지는 것이 이기는 것이다' 혹은 '강한 놈이 살아남는 것이 아니라, 살아 남는 놈이 강한 놈이다'라는 생각으로 커다란 꿈을 향해 느리지만 포기할 줄 모르고 걸어가고 있을 것이다.

지구를 지키는 평화유지군

하데스가 지키는 저승세계는 제우스의 하늘이나 포세이돈의 바다와 비교했을 때 아무런 갈등 없이 조용하다. 즉 하데스 유형의 또 한가지 큰 장점은 배포가 큰 만큼 뭐든지, 누구든지 수용하며 다 같이 함께 공존하는 걸 선호한다. 즉 헤라클레스 유형이 자신에게 불복하는 사람을 공격하거나 안티고네가 자신이 옳다고 해주지 않는 사람을 적으로 돌리는 것과는 달리, 하데스 유형은 세상 그 누구도 적으로 삼지 않으려 한다. 이 사람은 이래서 좋고, 저 사람은 저래서 좋은 식이다.

헤라클레스가 저승 입구에서 하데스를 만나자마자 화살을 쏜다. 그런데 사실 이런 행위는 헤라클레스에게 상당히 불리하다. 왜냐하면 저승은 하데스의 영역인 만큼 하데스가 마음만 먹으면 헤라클레스를 억류할 수도 있기 때문이다. 그러나 하데스는 상대가 절대적으로 자신에게 위협이 되거나 영역을 빼앗으려 들기 전에는 어지간해서는 평화주의자를 자청한다. 마치 하데스 유형은 인류와 지구를 지키는 평화유지군 같거나 심지어 지구를 넘어 전 우주의 평화를 지키려는 사람들 같다. 이처럼 하데스 유형은 자신을 드러내기보다는 병풍처럼 뒤에서 받쳐주며 다 함께 잘 사는 굉장히 선한 욕망을 지니고 있기도 하다. 그리하여 대개 하데스의 후예들은 오늘도 (큰 배포만큼이나) 인류의 평화와 지구의 안위를 염려하며 모두 다 함께 조화를 이루며 풍요롭게 살아가길 바라 마지 않는다. 절대적으로 평화주의자들이 많다.

부정적 측면

고집으로 버티기

아프로디테 여신은 지상에 올라온 하데스를 보며 어쩐 일이냐고 놀라는데 이는 하데스 유형이 (장형답게 주도권을 행사할 수 없는) 자신의 영역 밖에서 활동하는 것을 꺼려하는 태도를 잘 보여준다. 하데스 유형은 자기 뜻대로 안 될 때 헤라클레스 유형처럼 상대를 직접 공격하거나 안티고네처럼 자신이 옳음을 주장하지는 않는다. 다만 그 자리에서 가만히 돌처럼 굳어져서 뚱한 표정을 지으며 기분 나쁨을 표현한다. 그러면서 왜 그러냐고 물어도 (자신도 잘 모르니까) 아무 일도 아니라고만 하며 서서히 상대를 답답하게 만들기 시작한다. 그러다 상황이 조금 더 자신의 뜻과 반대로 흘러가면 특유의 고집이 시작된다. 더 심해지면 정신적으로나 신체적으로 축 늘어져 꼼짝 않거나 아예 잠수를 타버리기도 한다(그런 의미에서 저승은 아무도 건드릴 수 없는 하데스만의 세상이자 반면 자신의 뜻대로 일이 풀리지 않을 때 한걸음 뒤로 물러나는 도피처의 상징이기도 하다). 그리하여 하데스 유형의 무언의 항변은 상대편이 두 손, 두 발 다 들 때까지 계속되는 경우가 많다(어이없는 건 정작 9유형들은 자신들이 참아서 잘 해결되었다고 착각한다).

즉 하데스 유형은 주도권 싸움에서 자신들은 평화를 지킨다는 착각 속에 엄청난 고집을 부리며 한 치의 양보도 없이 버텨서 다른 유형들은 물론 그 엄청난 헤라클레스와 안티고네도 이기고 최후의 승자가 된다. 그런 만큼 현대의 하데스 후예들 역시 자신들 마음에 안 드는 일이 있으면 정확히 표현하기보다는 어느 구석에선가 뚱한 표정으로 바위처럼 꼼짝 않고 버티기를 시작할지도 모르겠다. 자칫 장기전이 되며 절대 고집을 꺾지 않고 버티기로 일관하는 하데스 유형의 단점이다.

게으른 방관자들

하데스는 늘 익숙한 저승에 머물다 어쩌다 지상에 나가 에로스의 화살을 맞고 사랑에 빠진다. 하지만 자신에게 어떤 일이 벌어졌는지 잘 모르는 채 무작정 페르세포네를 납치한다. 자신에게 무슨 일이 벌어졌는지 알려고 하거나 사랑을 얻기 위해 부지런히 상대를 탐색하거나 노력하지 않는다. 이는 하데스 유형이 살면서 부딪히는 대다수 일에 있어서 매 순간 적극적으로 목표를 이해하고 그에 맞는 치밀한 전략을 세우는 것이 아니라 대충 한방에 산난히 해결하려 드는 태도를 상징적으로 잘 보여주고 있다.

그런가 하면 제우스가 돌려보내라 명하자 순순히 그 명을 따른다. 사랑하는 사람이 지상으로 돌아가는데 마치 남의 일 같다. 이는 9유형이 원하는 것을 한 번에 얻으려다 자신의 뜻대로 일이 풀리지 않을 경우 본인들의 삶인데도 마치 남의 일처럼 대하는 모습을 잘 보여주고 있다. 즉 하데스의 후예들 중에도 많은 이들이 자신들만의 왕국을 건설하고 그곳의 왕이 될 큰 야망을 품는다. 그러나 문제는 그 거대한 야망을 한방에 이루려 하는 점이다. 게다가 현실에서 구체적인 목표나 실행을 하지 않으니 야망은 거대하고 모호한 꿈이 되고 오히려 일상의 일들은 시답잖게 여겨 늘어지거나 게으름에 빠지는 경우가 많다. 그러다 심하게는 일상에서의 일들을 귀찮아하며 남의 일보듯 마냥 시간을 낭비하기도 한다. 하데스 유형의 악명 높은 게으른 방관자의 삶이 시작되는 순간이다.

'내가 주도하는' 다 함께

하데스가 저승을 편하다 여기는 이유는 자신이 왕이기 때문이다. 즉 저승 세계에서 갈등이 없는 것은 절대적으로 하데스의 관점일 뿐이다. 다른 사람들의 시각에서 볼 때 저승은 무서운 곳, 벌 받는 곳, 고통의 장소이다. 하지만 저승의 왕, 하데스는 전혀 신경 쓰지 않는다. 오직 자신이 편한 것, 그것이 가장 중요하다. 하데스 역시 자신이 주도권을 행사하는 것이 중요한 장형이다. 하데스 유형은 평상시 자신의 욕구를 최소화시킨 상태로 살기 때문에 자신들의 욕망이 크다는 사실을 인정하려 들지 않는다. 그러나 역으로 평상시 욕망을 최소화시켰기 때문에 억압된 욕망이 더욱 크고 어떻게든 자신의 것을 챙기려 한다. 오히려 욕망을 최소화시켜서라도 장기적으로 승자가 되고 싶어 하는 장형 중의 장형이다.

이처럼 현대 하데스의 후예들 역시 얼핏 보면 느긋하고 사람이 좋아 보이지만 겪어볼수록 "저 사람은 꿍꿍이가 심해 혹은 절대 손해 보는 사람이 아니야, 자기 실속은 확실히 차려" 등의 이야기를 듣는 경우가 많다. 한마디로 겉으론 평화주의자이지만 돌아서선 자신의 것을 움켜쥐고 절대 단 돈 십 원도 손해 보려 들지 않는 꿍꿍이의 대가들로서, '내가 주도하는 세상'에서 다 함께 평화로이 공존하기를 원한다.

에니어그램으로 본 하데스 유형의 성장 포인트
내가 하데스의 후예라면

나만의 깨알 욕구 누리기

어떡하면 하데스 유형이 자신들의 억눌린 욕망을 인식하고 좀더 선명히 다룰 수 있을까? 우선은 욕망을 쪼개어 작은 욕구부터 시도해보도록 하자. 사실 (본인은 의식하지 못하지만) 하데스 유형들이 일상에서 선택을 양보하는 이유는 원하는 바가 많기 때문이다. 예를 들어 하데스 유형들은 점심 시간 동료들이 뭐 먹으러 갈래? 라고 묻는 질문에 답하는 것조차 양보하는 경향이 있다. 그래서 그들은 늘 "아무거나"라고 답하거나 "너 먹고 싶은 거"라고 답하는데 사실 이들 마음 속엔 먹고 싶은 게 아주 많아서 어느 하나를 선택하기 어렵기 때문이다.

하데스 유형은 사고형처럼 체계적으로 정리하는 힘이 매우 약하다. 즉 자신들의 욕망이 무엇인지, 어디서부터 시도해봐야 하는지 스스로도 잘 모르는 경우가 많다. 그러므로 일단 소소한 일부터 자신들의 욕구를 적어보자. 일명 '깨알 욕망리스트'를 만드는 것이다. 그리고 하루 한 가지든, 일주일에 한 가지든 시도해보자. 하데스 유형은 평상시 늘 자신의 욕구는 꾹꾹 눌러 마음 깊이 묻어두다 자칫 한꺼번에 엄청난 폭발력으로 터질 가능성이 있다. 그럴 때 폭발력은 헤라클레스의 공격성이나 안티고네의 시시비비 모두를 잠재울 수 있을 정도이다. 그러니 하데스의 후예들은 자신의 욕망 탱크의 압력이 터지기 전에 오늘부터 깨알 시도를 해보도록 하자. 의외로 꽤나 흡족한 기분을 느낄 수 있을 것이다.

'약간' 낯선 것 시도해보기

점심 메뉴나 고급 초코렛 사먹기 등의 깨알 욕구를 충족했다면 이번엔 한걸음만 더 나아가 '약간 낯선 일'에 도전해보도록 하자. 그렇다고 거창할 필요는 없다. 전혀 낯선 곳에 홀로 가라는 의미도 아니다. 그저 평상시 친구들이 하자고 해도 이런 저런 핑계를 대고 뒤로 빠지며 하지 않던 일들 중 하나 정도를 선택하면 충분하다. 게다가 익숙한 친구와 함께 하니 부담도 적다. 만에 하나 불편하면 그냥 집에 오면 된다. 그렇게 편하게 마음 먹고 시도해보자.

하데스 유형은 평상시 스트레스를 받으면 오히려 더 집 안으로 움츠러드는 경향이 있으므로 가능하면 몸을 움직여 하는 것이면 좋다(사실 하데스 유형 역시 장형이기 때문에 스트레스가 쌓이면 몸이 힘들 가능성이 높다). 그러므로 이런 기회를 활용해서라도 한번 밖으로 나가보면 좋겠다. 그럼 현대 하데스의 후예들은 지하 세계도 좋지만 지상 세계도 나쁘지 않다는 것을 몸으로 체험할 수 있게 된다. 처음엔 익숙하지 않은 일들과 세상이 불편하고 어색할 수 있지만 그 또한 적응이 되면서 어느새 자신도 모르게 즐길 수 있게 된다. 그렇게 한 번, 두 번 낯선 곳, 낯선 일들을 시도해보면 서서히 지상으로 올라가는 것 그 자체에 익숙해지며 자신들이 진정 원하는 삶에 도전할 준비를 갖출 수 있게 된다.

자기주도적인 작은 승리 만들어가기

하데스 유형의 장점을 설명하면서 지구의 평화를 지키고 싶어 한다고 했는데 다른 유형에겐 다소 황당하게 들리는 이 말이 하데스 유형에겐 결코 빈 말이 아니다. 즉 이들은 그만큼 아주 크고 선한 야망을 지니고 있는 경우가 많다. 문제는 그 야망이 너무 크고 모호해서 일상에선 오히려 한걸음도 떼놓지 못하는 경우가 많다. 그래서 역으로 현실에선 아무것도 선택하지 못하고 무조건 타인의 의견에 동조하기도 한다(그러면서 속으론 결국 지는 느낌이 들어 자신도 모르게 불만이 쌓이다 어느 날 갑자기 터져 나오거나 다시 자신들만의 지하 세계로 돌아가 버린다). 그러므로 하데스의 후예들이 깨알 욕망을 시도하고 아주 작은 낯선 일을 시도하며 어느 정도 준비가 되었다면 이제 일상에서 '작은 승리'를 쌓아가도록 해보자.

　하데스 유형의 성장 포인트는 효율적 성취주의의 대가인 아킬레우스로서 그만큼 하데스 유형이 거대한 꿈을 꾸느라 일상에선 오히려 게으름에 빠지거나 방관자가 되어 아무것도 성취하지 못하는 것을 경계해야 한다는 의미이다. 그러므로 일단 작은 동호회나 모임의 장 역할도 좋겠다. 대신 하데스 유형은 (자신의 욕망을 명확히 인식하지 못하기 때문에) 비록 소모임의 장이라 할지라도 장으로서 해야 할 목표와 데드라인을 명확히 정하고 시작하도록 하자. 그리고 이와 같은 목표 달성을 장형답게 '작은 승리'라 명하고 성취욕을 불러 일으켜 보자. 승리라는 이름을 붙이는 순간, 결코 지고 싶어 하지 않는 자신을 발견할 수 있을 것이다.

　이때 주의할 점은 절대 모임의 성격보다 큰 목표를 정하면 안 된다. 왜냐하면 하데스의 후예들이 커다란 욕망에 비해 실질적인 결과물을 만들지 못하고 자칫 게을러지거나 무기력해지는 이유가 바로 처음부터 막연히 너무 큰 결과물을 원하기 때문이다. 그러므로 소소한 욕망부터 시도해보듯, 소모임의 장이 되어 사람들을 이끌 때도 작은 결과물을 목표로 삼도록 하자. 그리하여 작은 승리를 자꾸 쌓다 보면 하데스 유형의 성장 포인트인 아킬레우스처럼 효율적으로 성취를 쌓아갈 수 있다. 그러면 하데스의 후예들은 지구의 평화를 지키듯 모임의 일원들을 보살피며 단체의 목표를 꾸준히 밀고 나가는 저력을 발휘할 수 있게 된다. 하데스의 후예들이 늘 꿈꾸던 풍요로운 자들의 세계가 현실에서도 이루어지기 시작하는 순간이다. 보이는 듯, 보이지 않는 듯 다 함께 그렇게.

하데스 유형을 위한 성장 TIP!

아킬레우스의 효율적 성취

트로이 목마를 고안한 오디세우스는 왜 10년 동안 바다를 떠돌았을까?

호기심과 가벼움을 오가는 오디세우스

호기심과 가벼움을 오가는
오디세우스

오디세우스의 자기고백

❝ 여러분~ 안녕하세요. 반갑습니다! 제 이름은 '도시의 파괴자' 오.디.세.우.스.입니다! 이렇게 만나 뵙게 되니 정말 반갑습니다. 너무 반가워서 무슨 말부터 해야 할지 모르겠네요. 하하. 참, 설마 여러분도 제가 트로이 전쟁의 조연이라고 생각하지는 않으시겠죠? 그리 생각하시면 남자 중의 남자, 저 오디세우스 너무 섭섭합니다요. 하하.

여러분 다같이 생각을 해보자고요. 생.각! 트로이 전쟁이 뭔지 몰라도 트로이의 목마는 다 알고 계시죠? 바로 그 트로이 목마를 고안한 게 바로 저 아닙니까. 천하 상 남자, 오디세우스 말입니다. 제가 목마를 생각해내지 않았다면 절~대 그리스가 트로이에게 이길 수 없었다니까요. 애인 땜에 전투에서 빠졌다 친구 땜에 전투에 나가는 변덕쟁이 아킬레우스 덕분이 아니라 바로, 저라고요, 저. 오.디.세.우.스. 아시겠죠?! 사실 아킬레우스가 전쟁 최고 영웅이네, 헥토르가 트로이 최고네 하지만 그거 다 소용없는 일입니다. 결국 두 놈 다 전쟁터에서 죽었잖습니까. 하긴 뭐 살아 돌아가 마누라 손에 죽은 아가멤논보다 쫌 낫긴 합니다만. 크크. 아무리 생각해도 그리스 총 사령관이란 작자가 욕탕에서 바람난 마누라 손에 죽다니요. 한심해도 너~무 한심한 거 아닙니까. 자다가 생각해도 웃음이 납니다요. 크크크.

　에고, 근데 무슨 얘기 중이었죠? 아, 맞다. 트로이 전쟁! 그러니까요, 여러분. 전쟁이라는 게 원래 멍청한 사내놈들이 무식하게 서로 치고 박고 싸우다 결국 다 죽는 거 아닙니까? 그런데 제가 왜 그런 곳에서 개죽음을 합니까? 저처럼 머리 좋고 약삭빠른 인간이 절대 그런 개죽음을 할 순 없는 일이죠. 암요. 살아서 가보고 싶은 곳, 해보고 싶은 일이 얼마나 많은데 말입니다. 모험이라… 생각만 해도 가슴이 벌렁거리고 발끝이 들썩이는 게 온몸이 찌릿찌릿하지 않습니까?! 하하. 그래서 절~대 트로이 전쟁에서 주연으로 안 나선 거죠. 그런 멍청이들 놀이에 제가 왜 목숨 걸고 앞으로 나서겠습니까. 제 진짜 인생은 전쟁이 끝난 뒤부터인데 말이죠.

　멍청한 녀석들이 10년이나 전쟁을 끌어서 아주 지겨워 죽을 줄 알았습니다. 그나마도 제가 머리를 써서 목마를 고안해냈으니 망정이지 아니었으면 아직도 전쟁 중이었을 겁니다. 원래 머리 나쁜 놈들은 쌈박질 밖에 모르거든요. 여자분들은 절~대 그런 놈들하고 어울리시면 안됩니다. 전~부 과부만 되실 뿐이에요. 과.부. 제 아내 페넬로페를 보세요. 트로이 전쟁 장수 마누라들 중에선 유일하게 남편이 살아 돌아와 행복하게 살았네~ 여주인공 아닙니까. 그게 다 머리 좋은 남편을 둔 덕분 아니겠어요. 하하. 네? 절세미녀 헬레나 남편도 살았다고요? 아이구~ 마누라 도둑맞고 전쟁을 일으킨 그런 놈을 장수에 넣으시면 안되죠. 제 말씀은 영웅 중에 살아 돌아간 자는 저밖에 없다, 이 말씀입니다요! 하하.

　어쨌든 지난 10년 동안 원도 한도 없이 세상 곳곳을 둘러 보았으니 이제 예쁘고 정숙한 마누라 곁으로 돌아가보려 합니다. 제 눈으로 거인도 보았고, 마녀랑도 살아 보았고… 참, 여러분. 마녀랑 안 살아보셨죠?! 아… 진짜… 희한합니다. 뭐랄까요… 그냥 예쁜 게 아니라… 참 희한한 매력이 있다니까요. 부하들만 아니었어도 좀 더 살았을 텐데 좀 아쉽습니다요. 헤헤. 아무도 들은 적 없다는 세이렌 노래도 들어 봤고… 아! 님프인 칼립소도 처음엔 좋았는데 7년이나 잡아둬서 정나미 다 떨어졌습니다. 아무리 님프라지만 7년이 뭡니까, 7년이! 근데 뭐 제가 쫌 한 매력 하긴 합니다. 하하. 맘 같아선 조금 더 세상을 살펴봐도 괜찮을 것 같은데, 저 없는 사이에 이 놈, 저 놈이 제 마누라를 넘본다고 하니까 일단 돌아가 급한 불을 꺼야겠죠. 한 20년 못 봤더니 이제 좀 그립네요. 하하.

10년 모험 속에 숨어있는 가벼움

그리스 제일의 지략가 오디세우스는 그리스가 트로이와 전쟁을 일으키는 것이 못내 마땅치 않았다. 아무리 절세미인이라고는 하지만 트로이 왕자와 도망친 부정한 스파르타의 왕비, 헬레네를 되찾기 위해 트로이와 전쟁을 일으킨다는 것은 사내들의 세 싸움으로 밖에는 여겨지지 않았기 때문이다. 그래서 한 가지 꾀를 내어 미친 척하며 여기저기 마구 쟁기질을 하였는데 그만 팔라메데스가 아들을 쟁기 앞에 뒤서 피하는 바람에 들통이 나 버렸다.

할 수 없이 전쟁에 참가는 하였지만 애당초 목숨 걸고 싸우고 싶은 마음은 추호도 없었다. 모험이라면 모를까, 아무 재미도 없고 새로울 건 더더욱 없이 그저 밤낮 피 터지게 서로 죽고 죽이는 전쟁은 딱 질색이었다. 아이러니하게도 그의 이름은 '도시의 파괴자'였으나 그가 좋아하는 건 힘을 통해서가 아닌 지략을 통해 낡은 도시를 붕괴시키고 새로움을 불러일으키는 혁신적 파괴였다.

그러므로 그가 트로이 전쟁의 주역 중 한 명이 아닌 것은 너무도 당연했다. 고대 그리스 시대 전쟁은 그야말로 힘 대 힘, 창과 방패의 치열한 육탄전이었기 때문이다. 그런 만큼 대개 영웅들이 힘과 용맹함을 자랑하며 그 이름을 남기고 하데스의 저승 세계로 끌려갈 때, 오디세우스는 트로이 목마를 고안하여 길고 긴 전쟁을 끝내는 영리함과 지략으로 이름을 떨치기 시작한다. 그리하여 고대 도시 트로이가 화려한 명성을 뒤로하고 잿더미로 변할 때, 오디세우스는 비로소 자신의 이름을 역사에 길이 남길 그만의 길고 긴 모험 길에 오른다. 도시의 파괴자에서 바다의 항해자로 자신만의 신화, '오디세이아'를 막 펼치는 순간으로, 생각을 앞세워 무용한 전쟁에선 몸을 낮추고 살아남아 새롭고 신기한 세상을 경험해보고자 하는 오디세우스만이 경험해 볼 수 있는 삶이라 할 수 있겠다.

10년의 지루한 전쟁 끝에 탁 트인 바다로 나온 오디세우스는 살 것 같았다. 그리운 가족이 있는 고향으로 돌아간다는 기쁨도 컸지만 무엇보다 바다는 예측 불가능했다. 한없이 넘실대는 파도가 이어지는가 하면 불쑥 낯선 섬이 나타나는데 출현하는 섬들마다 제각각 달랐다. 같은 일상이 반복되는 육지보다 매일 다른 이야기가 펼쳐지는 바다는 그야말로 모험의 장이요 호기심의 천국이었다. 그 날도 그런 날들 중 하나였다. 며칠의 항해 끝에 지칠 즈음 우연히 흘러 들어간 섬은 너무도 아름답고 풍요로웠다. 그런데 막상 배를 대고 뭍에 내려보니 거기가 바로 말로만 듣던 거인족들의 나라였다! 절대 물과 음식만 보충해서 급히 떠날 수 없었다.

거인들이 위험하다고 만류하는 부하들을 뒤로하고 오디세우스는 용감한 부하 몇 명과 섬을 돌기 시작했다. 섬 안으로 들어갈수록 올리브 나무는 울창했고 양들은 평화로이 방목되고 있었다. 멀리서 띄엄띄엄 보이는 거인들은 그저 신기할 뿐이었다. 기왕이면 조금 더 가까이 보고 싶은 욕심에 오디세우스는 부하들과 함께 그중 한 거인의 동굴로 들어갔다. 폴리페모스라는 거인이 사는 동굴로 그는 거인들 중에서도 빼어난 목축업자였다. 동굴 안은 정갈했고 치즈도 잔뜩 쌓여있었으며 심지어 양과 염소들의 우리도 있었다. 아무래도 한 번쯤 직접 만나 이야기도 나누고 선물도 교환하고 싶었다. 거인과의 선물교환이라니! 이 얼마나 짜릿한 일이란 말인가. 고향에 돌아가 늘어놓을 무용담이 하나 느는 순간이었다. 목이 빠지도록 기다려 저녁 때가 되자 이윽고 동굴 주인인 폴리페모스가 양과 염소들을 몰고 돌아와 커다란 바위로 동굴 입구를 막고 돌아서 오디세우스 일행을 발견하였다.

"웬 놈들이야!"

동굴 안이 쩌렁쩌렁 울리도록 외눈을 굴리며 소리를 지르는 거인 앞에 일행은 겁에 질려 뒤로 물러나는데 오디세우스만이 간신히 앞으로 나아가 트로이 전쟁이 끝나고 고향에 돌아가는 용사들이니 음식과 함께 선물을 교환하자고 청하였다. 그러자 거인이 코웃음을 치며 말하기를 신이 와도 자신의 것은 아무것도 내줄 수 없다 말하며 갑자기 일행 중 두 명을 집어 들더니 바닥에 패대기를 쳐 죽이고 순식간에 먹어 치웠다.

이야기를 나눈 뒤 선물을 교환할 것이라 기대했던 오디세우스 일행은 너무 놀라 비명조차 지르지 못했다. 그렇게 만남을 기대했던 거인은 알고 보니 식인 괴물이었던 것이다…! 이윽고 배가 부른 거인이 잠에 곯아 떨어지자 수많은 전쟁터를 누빈 오디세우스 일행이었지만 그날 밤은 오들오들 떨며 밤을 새울 수밖에 없었다.

다음 날 아침 잠에서 깬 거인은 다시 두 명을 잡아 먹은 뒤 양과 염소들을 데리고 나가며 행여 오디세우스 일행이 도망칠까 큰 바위로 동굴 입구를 막아 버렸다. 눈 앞에서 동료 네 명을 잃고 꼼짝없이 동굴에 갇힌 오디세우스 부하들은 절망에 빠져 다음은 자신들 차례라고 탄식하였다. 그러나 길고 긴 트로이 전쟁조차 지략으로 막을 내린 오디세우스가 가만히 앉아서 죽음을 기다릴 수는 없는 일. 어떻게든 폴리페모스가 돌아오기 전까지 살 방도를 구해야 했다. 여전히 비탄에 빠져있는 부하들 사이에서 정신을 차리고 동굴 안을 둘러보니 마침 튼튼한 올리브 나무 몽둥이가 하나 있었다.

오디세우스는 몽둥이 끝을 가능한 뾰족하게 깎아 불에 달궈 끝을 단단히 만든 뒤 감춰두었다. 이윽고 저녁때가 되어 동굴에 돌아온 폴리페모스는 역시나 동료 두 명을 잡아 먹었다. 배불리 먹고 나른해진 거인이 편안한 자세로 벽에 기대 앉자 이때를 기다렸다 오디세우스가 용기를 내어 마침 가지고 있던 술을 갖고 다가갔다.

"아이고~ 나으리~ 오늘 하루도 그 어려운 일들 다 하시느라 수고 많으셨습니다요. 이거 한 잔 쭈~욱 들이키시죠. 이게 트로이에서 가져온 건데, 디오니소스 주신께서 직접 만들어 트로이 숲 깊~은 곳에 숨겨둔 황금 포도주입니다요. 제가 제우스 신께 바치려고 가져왔는데 오늘 나으리를 뵈니까 제우스 신을 뵌 것보다 더 제 가슴이 벌렁거리고 흠모하는 마음이 생겨서 꼭 한 잔 올리고 싶습니다요. 부디 뿌리치지 마시고 한 잔 받아주십쇼~"

오디세우스의 넉살 좋은 아부가 싫지 않았던 거인이 한 잔을 받아 들이켰다. 술 맛이 좋았던 건지 아니면 아부가 좋았던 건지 기분 좋게 거나해진 거인이 오디세우스의 이름을 물었다.

"아이고~ 이 천하디 천한 것의 이름을 물어봐 주시니 가문의 영광입니다요. 근데 뭐 워낙 비천한 집안인지라 사실 이름이 없습니다. 제 이름은 '아무도 아니'입니다요. 이 참에 나으리께서 이름 하나 지어주시면 대대손손 저희 집안 성씨로 삼겠습니다. 자자~ 한잔 더 쭈~욱 들이키세요. 어~쿠. 술 넘기는 소리도 일품이십니다요!"

배불리 먹고 술까지 거하게 마신 폴리페모스가 술에 취한 건지 오디세우스의 너스레에 취한 건지 모를 깊은 잠에 곯아떨어지자 이때다 싶은 오디세우스 일행은 감춰둔 올리브 몽둥이를 꺼내어 뾰족한 끝을 외눈박이 눈 깊숙이 쑤셔 박았다. 눈이 찔리는 고통에 폴리페모스는 "날 죽이려는 자는 아무도 아니다!"라고 비명을 지르며 동료들을 불렀다. 이 소리를 들은 다른 거인들은 아무도 아닌데 웬 호들갑이냐며 그냥 돌아가 버렸다.

다음 날 아침 장님이 된 폴리페모스는 양과 염소를 방목하기 위해 동굴 밖으로 나가 행여 오디세우스 일행이 빠져나올까 양과 염소가 동굴 밖으로 나올 때까지 지키고 서 있었다. 하지만 그 정도 생각을 못 할 오디세우스가 아니었다. 그는 전날부터 부하들에게 서서 걸어 나가지 말고 제일 큰 양의 배에 거꾸로 매달려 동굴을 빠져나갈 것을 일러두었다. 그리하여 오디세우스 일행은 장님이 되어 동굴 입구를 더듬고 있는 폴리페모스 앞을 보란 듯이 빠져나와 정박해둔 배까지 한달음에 도망쳤다. 배에 도착한 오디세우스는 안도감과 함께 우쭐한 마음이 들어 소리쳤다.

"이놈아 맛이 어떠냐! 그건 네 놈보다 강한 자의 동료를 죽인 벌이다!"

장님이 된 분노에 더해 약까지 오른 폴리페모스는 거대한 바위를 집어 소리가 나는 쪽을 향해 있는 힘껏 던졌다. 커다란 파도가 치고 배가 출렁이며 하마터면 다시

섬 쪽으로 끌려갈 뻔했다. 부하들이 있는 힘을 다해 노를 저으며 오디세우스를 말렸지만 한껏 기가 오른 오디세우스는 참지 못하고 다시 한번 소리쳤다.

"어리석은 놈아, 잘 들어라. 내 이름은 아무도 아니가 아닌 도시의 파괴자, 오디세우스이니라!"

그러자 폴리페모스가 아버지인 바다의 신, 포세이돈에게 오디세우스에게 저주를 내려달라 기도를 올렸다. 자신의 아들을 장님으로 만든 것에 화가 난 포세이돈이 아들의 기도를 들어주니 그때부터 오디세우스는 온갖 고초를 겪으며 10년이란 긴 세월을 또다시 바다에서 떠돌게 되었다. 그러나 이 또한 오디세우스가 자초한 일이니, 결국 오디세우스는 새로운 것을 보면 경험해보지 않고는 견딜 수 없는 천상 도시의 파괴자이자 바다의 항해자였던 것이다.

그렇게 간신히 식인 거인족, 폴리페모스로부터 도망친 오디세우스 일행은 항해 끝에 마녀 키르케가 아주 멋진 궁전을 지어놓고 사는 아이아이에섬에 도착하였다. 키르케는 오디세우스 일행처럼 물과 음식을 찾아 섬에 정박한 선원들을 돼지로 변신시켜 궁전을 지키게 하였다. 정찰을 나갔던 오디세우스 부하들도 여지없이 키르케의 마법에 걸려 돼지로 변하고, 한 명만이 간신히 살아 돌아와 오디세우스에게 고했다.

"대장님! 대장님! 큰일 났습니다! 어서 빨리 이 섬을 빠져나가야 합니다. 마녀입니다. 마녀!"

"뭐라고? 큰일? 미녀? 뭔 소리야? 다들 버니 가고 너 혼자 돌아와? 알아듣게끔 얘기를 해 봐!"

부하가 넘어가는 숨을 간신히 멈추고 키르케에게 당한 일을 설명하며 빨리 떠나야 한다고 다시 재촉했다. 그러자 이야기를 듣는 내내 침을 꼴딱꼴딱 삼키며 호기심 넘치는 표정으로 듣고 있던 오디세우스가 눈을 반짝이며 답했다.

"그~으래?! 그렇단 말이지! 그럼 이 오디세우스가 그냥 지나칠 순 없지!"

"대장님! 왜 이러십니까?! 상대는 마녀라고요, 마녀! 사람을 돼지로 만든다니까요!"

"그러니까! 그 희귀한 장면을 내 두 눈으로 보지 않고 어찌 그냥 갈 수 있겠어! 저리 비켜!"

"대장님! 제발요! 지난번 거인족 때도 그러다 부하들이 죽은 거 그새 다 잊으셨습니까!" 그때도 저희가 위험하다 그리 말렸건만 거인을 꼭 봐야겠다 기어이 가셨다가 6명이나 죽었지 않습니까! 제발 이러지 마세요!"

"허허~ 사내 녀석이 겁은 많아서! 그래서야 무슨 그리스 최고 군사라고! 내가 뭐 꼭 마녀를 보고 싶어서 이러는 줄 알아! 부하들을 구해내야 할 거 아냐! 부하들이 돼지가 되었다는데 그럼 그냥 두고 가자고! 녀석 참 의리 없네. 그렇게 겁이 나면 넌 여기 있어! 난 그렇게는 못 해. 혼자라도 가서 구해 올 테니까 저리 비키라고!"

역시나 궁금한 건 못 참는 오디세우스는 이번에도 부하를 구한다는 핑계를 대고 다시 또 마녀를 찾아 나서는 위험을 강행했다. 이윽고 호기심 반, 두려움 반 키르케를 만나 그녀가 건넨 마법의 포도주를 마셨지만 오디세우스만큼은 무사했다. 오던 길에 트로이 전쟁 때 (그리스 편을 들어) 목마를 고안하여 승리한 그를 지키려 헤르메스가 마법에 걸리지 않는 약초를 미리 건네주었기 때문이었다.

키르케는 자신의 마법이 듣지 않는 유일한 인간인 오디세우스에게 반해서 그와 사랑을 나누고 싶어 했다. 그러자 오디세우스가 부하들을 다시 인간으로 만들어준

다는 조건 아래 청을 들어준 뒤 그 후 1년 가까이 함께 살았다. 1년이 지나자 고향에는 언제 돌아가냐는 부하들의 불평에 할 수 없이 다시 바다로 나서는 오디세우스에게 키르케는 온갖 음식을 챙겨주며 세이렌의 유혹을 조심하라 일러주었다.

원래 세이렌은 요정이었는데 저주를 받아 몸은 새가 되고 머리만 인간의 모습을 갖춘 괴물이 되었다. 그러나 목소리만은 예전 그대로 고와서 고혹적인 노래를 불러 지나가는 선원들을 자신들의 섬으로 유혹하여 난파시켰다. 이윽고 오디세우스 일행이 섬을 통과하기 위해 다가가자 세이렌들의 감미로운 노랫소리가 들려오기 시작하였다. 그러나 오디세우스가 꾀를 내어 부하들의 귀를 밀랍으로 막아놓아서 그 누구도 노랫소리를 듣지 못하였다. 다만 궁금한 것을 참지 못하는 오디세우스는 어떻게든 노랫소리가 듣고 싶어 부하들에게 부탁하여 돛대에 몸을 묶었다.

이윽고 섬 가까이 다가가자 세이렌들이 부르는 아름다운 노랫소리가 점점 더 선명해지며 오디세우스 역시 소리를 더 듣기 위해 가까이 다가가고 싶은 욕망이 들끓었다. 그 유혹이 너무도 강해 돛대에 묶인 오디세우스는 부하들에게 자신을 묶은 밧줄을 풀어달라고 몸부림쳤다. 그러자 아무 소리도 들을 수 없는 부하들은 더 빨리 노를 저으라는 신호로 알고 있는 힘껏 노를 저어 무사히 섬을 빠져나왔다. 강한 호기심을 누를 수 없는 오디세우스였지만 이번에도 지략을 발휘하여 무사히 살아 남아 항해를 계속하게 되었다.

또다시 거친 바다로 나아가 모험을 이어가던 오디세우스는 곱슬머리 님프 칼립소가 살고 있는 오귀기에섬에 도착했다. 님프는 처음이었던 오디세우스가 역시나 그녀의 청을 받아들여 사랑을 나누었는데 아뿔싸. 칼립소는 그만 7년이나 그를 묶어 두었다. 그러자 지루함이 발동한 오디세우스가 매일 바닷가에 나가 눈물로 제우스 신께 호소하였다. 그답지 않게 오디세우스가 끈질기게 간청하자 제우스 신도 이제쯤이면 그도 정신을 차렸을 것이라 여기고 오디세우스를 풀어주었다. 7년이란 긴 억류 뒤 오디세우스는 바다로 나왔지만 아직 분이 풀리지 않은 포세이돈이 다시 그의 배를 휘저어 표류하던 중 파이아케스족이 사는 스케리아섬으로 흘러들어갔다.

그곳에서 오디세우스는 벌거벗은 채 공주 나우시카에게 발견되었지만 특유의 달변으로 설득하여 왕과 왕비를 만날 수 있었다. 그들 앞에 서자 역시나 명랑한 분위기로 언변을 발휘하며 자신의 모험을 풀어 놓았다. 이에 왕과 왕비는 즐거웠고 공주는 그에게 반하였다. 고대 그리스 도시 국가들 간에는 전쟁이 많아 헤라클레스 같은 인물이 늘 영웅시되었으나 한편 해상을 통한 무역도 활발하여 오디세우스 같은 남자도 인기였다. 나우시카 공주는 님프 못지않게 아름다웠으나 지난 10년간 떠돌 만큼 떠돈 오디세우스는 이제 좀 철이 들어 고향을 생각해내고 공주가 은근히 남편으로 삼고 싶어 하는 청을 슬며시 모른 척하였다. 그리하여 왕과 왕비가 선물과 함께 배를 내주어 드디어 고향으로 향하였다.

마침내 트로이 전쟁터에서 10년, 그다음 바다를 헤매며 또 다른 10년이란 긴 세월을 보낸 뒤 고향인 이타케로 돌아왔다. 20년만에 돌아온 고향은 여전히 풍요로 웠지만 자신의 궁에는 108명의 구혼자들로 들끓었다. 그들의 무례함은 하늘을 찔러 마치 또 다른 전쟁터를 방불케 하였다.

문득 확 달려가버릴까 하는 마음이 드는 바로 그 순간, 그의 수호신인 아테나 여신이 변장을 하고 나타나 오디세우스를 노인으로 변장시키고 침착하게 대처하라 일렀다. 지난 10년 바다를 항해하며 지략에 진지함을 더해 성숙한 남자로 성장한 오디세우스는 순순히 여신의 충고를 받아들여 노인 변장을 받아들였다.

우선 자신의 오랜 가신이었던 돼지치기, 에우마이오스를 찾아갔다. 그를 찾아가서도 당장 신분을 밝히지 않고 침착하게 그간의 상황을 파악한 후, 그는 여전히 믿어도 된다는 확신이 들자 자신을 밝히고 아들을 데려오라 청한다. 그렇게 세 사람은 머리를 맞대고 작전을 세운 뒤, 만에 하나를 염려하여 작전 날까지 페넬로페에겐 비밀로 하고 구혼자들을 물리치고 그녀를 구해냈다. 그리고 다시 여신의 도움으로 원래 모습으로 돌아온 오디세우스는 감격에 겨워하는 아내와 함께 달콤한 사랑을 나누있다. 비로소 오니세우스의 실고 긴 인생모험이 끝이 나는 순간이자 이전의 잔꾀만 넘치는 지략가에서 진지함까지 더한 오디세우스로 거듭 태어나는 순간이었다.

궁전에서의 삶이 안정되고 시간이 흘러 노년에 접어든 오디세우스는 여전히 "신세계를 찾아 떠나자. 아직 늦지 않았다!"를 외치며 새로운 모험을 찾아 떠나고 싶어 하는 걸로 이야기는 끝을 맺는다. 참으로 진정한 도시의 파괴자이자 바다 항해자, 지략가 오디세우스이다.

에니어그램으로 본
오디세우스 유형 분석

유형 특성

에니어그램으로 볼 때 오디세우스는 이 세상을 불안한 곳으로 보고 안전함을 추구하는 사고형이다. 사고형은 행동하기에 앞서 머리 속으로 가장 안전한 시나리오가 무엇일지 끊임없이 생각하는 공통점을 지니고 있다. 오디세우스는 사고형 중에서도 에너지를 외부로 쓰는 7유형, 외향 사고형이다. 외향 사고형은 에너지를 밖으로 쓰며 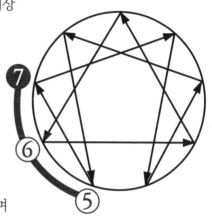 가능한 세상 모든 것을 경험해보고 그중 가장 안전한 방식을 선택하려는 특성을 갖고 있다. 그러다 보니 오디세우스 유형은 자연히 재미있고 흥미로운 일에만 끌리게 된다(즉 머리 속 불안을 잠재우려 뛰어나갔는데 굳이 외부 세상에서 골치 아픈 일, 어려운 일을 직면하려 하지 않는다). 한마디로 오디세우스 유형은 머리 속 불안감을 피해 즐겁고 유쾌한 일을 찾아 피터팬처럼 가볍게 날아다니는 유형이다.

오디세우스는 어쩔 수 없이 트로이 전쟁에 참여하지만 매일 죽고 죽이는 전쟁이 하루빨리 끝나기만을 기다린다. 이는 오디세우스의 후예들이 반복되는 일상을 지겨워하는 모습을 잘 보여주고 있다. 결국 그는 지략을 발휘하여 전쟁을 끝낸 뒤 그토록 기다리고 기다리던 바다 모험에 뛰어든다. 오디세우스의 억눌린 호기심이 터져 나오는 순간이다.

그렇게 첫 번째 만난 것이 바로 거인족, 그중에서도 식인 거인이다. 사실 거인이 사는 섬에 도착했을 때 다른 신중한 유형 같으면 먼 발치에서 보고 자신이 필요한 물과 음식을 보충하고 소리 없이 섬을 빠져 나왔을 것이다. 거인족이 식인족임을 몰랐다 해도 나보다 덩치가 산만큼 큰 거인이라면 누구라도 일단은 경계하고 보는 것이 우선일 테니 말이다. 그럼에도 오디세우스이니까 목숨을 걸고라도 거인족을 직접 만나려 하고, 키르케의 마법을 보고 싶어 하고 세이렌의 노래를 듣고 싶어 한다. 만약 트로이 전쟁에서 살아남은 장군이 오디세우스가 아닌 다른 유형의 장군이었다면 10년 대 모험의 오디세이아는 탄생하지 않았을 것이다. 오디세우스이기 때문에 이처럼 짜릿한 모험을 하고 낯선 섬들을 둘러보며 지루한 일상에 변화의 바람을 몰고 온다. 오디세우스 유형만이 가능한 다양한 경험에서 오는 삶의 확장이라 할 수 있다.

반면 오디세우스 유형은 길고 긴 전쟁이 끝나고 하루바삐 고향으로 돌아가야 하는 분명한 목적이 있어도 눈앞에 즐겁고 재미난 일이 있으면 호기심이 발동하여 그냥 지나치지 못하고 혹하고 끌려가는 특성이 있다. 더군다나 함께하는 부하들은 그토록 지리하고 또 가혹한 10년 전쟁에서 살아남은 이들로서 다들 하루바삐 고향으로 돌아가고 싶은 마음 간절한 사람들이다. 그러나 오디세우스 유형은 호기심이 한 번 발동이 걸리면 자신이 해야 할 본분을 잊어버리거나 주변 사람들에 대한 배려는 전혀 없이 마치 불나방이 불꽃을 보고 뛰어드는 것처럼 달려드는 경우가 많다.

즉, 오디세우스의 후예들 중에는 뚜렷한 목적이나 성과 없이 재미나 호기심 충족 그 자체에만 심하게 빠져드는 경우도 있다(게다가 어느 정도 호기심이 충족되면 금방 싫증을 느껴 금세 또 다른 재미를 찾아 나서기도 한다). 한마디로 오디세우스 유형은 호기심 가득 모험을 찾아 나서지만 쉽게 싫증을 느껴 한 가지 일도 완성하지 못하고 계속 흥미거리를 찾아 방황할 수도 있는 특성을 지닌 유형이다.

긍정적 측면

호기심 천국에서 트랜드 메이커까지

오디세우스의 모험은 흥미진진하다. 트로이 전쟁을 그린 일리아드가 사내들의 불꽃 튀는 대결의 장이라면, 오디세우스의 모험을 그린 오디세이아는 풍성한 모험 이야기와 함께 상상력을 자극하는 흥미진진한 일들이 넘쳐난다. 이것이 바로 오디세우스 유형들이 꿈꾸는 매일이 즐겁고 흥미진진한 호기심 천국의 삶이다. 한마디로 오디세우스 유형은 세상을 향해 호기심 가득 늘 눈과 귀 그리고 온몸이 열려 있는 유형이다. 오디세우스 유형이 아니라면 그 누가 미지의 세계를 이토록 흥미진진하게 돌아다닐 수 있을까. 같은 외향형이지만 장형인 헤라클레스가 자신의 세를 넓히고 주도권을 잡기 위해 가는 곳마다 상대를 제압하는 것과는 달리 사고형인 오디세우스는 그런 투쟁 없이 순수하게 미지의 세계를 탐험한다.

그였기에 인간 중에선 유일하게 세이렌의 노랫소리를 들을 수 있었고 그가 있기에 이야기가 다양해지고 삶이 풍부해진다. 그런 만큼 현대 역시 오디세우스의 후예들이 없는 삶은 상상하기 어렵다. 아니 답답하다. 이들이 있기에 우린 세상이 아무리 획일적으로 글로벌화가 된다 해도 그 가운데에서 여전히 새로운 것, 다양한 것들을 찾고 접하며 삶을 확장시켜 나갈 수 있다. 한마디로 오디세우스의 후예들은 지금 이 순간에도 자신들만의 바다로 나가 새로운 트랜드를 만들어내는 진정한 도시의 파괴자이자 바다의 항해자라 할 수 있겠다.

세상은 놀이터! 유머 빵빵 분위기 메이커

오디세우스는 해변가에 표류해서 벌거벗은 상태에서 나우시카 공주를 만나도 전혀 굴하지 않고 특유의 달변으로 도움을 요청한다. 즉 오디세우스 유형은 인생만 다양한 호기심으로 넘치는 것이 아니다. 사람들도 유쾌하고 즐겁다. 만나면 기선제압이나 하려는 헤라클레스나 온종일 찌푸린 얼굴로 긴장감을 조성하는 안티고네하고는 비교하기 어렵다. 즐거운 에너지가 한가득 넘치며 적재적소에 유머를 빵빵 터트리며 사람들을 즐겁게 해주며 분위기를 띄워준다. 이들이 없으면 무슨 재미로 살아갈까 싶다. 천상 엔터테이너다. 게다가 호기심 천국 마인드에 다양한 경험까지 장착하니 아이디어 또한 차고 넘친다. 거인 앞에서도 기죽지 않고 꾀를 내어 살 방도를 구한다. 무조건 힘으로만 상대를 제압하려 드는 장형들은 상상도 못 할 일이다. 게다가 어떤 어려운 상황도 긍정적으로 보고 희망을 잃지 않고 미래를 낙관한다. 한마디로 함께 있으면 즐거움 넘치는 에너자이저 같다.

현대 오디세우스의 후예들 역시 이 세상은 흥미진진한 놀이터라 여기고 있을 것이다. 이들에겐 재미있는 것이 너무 많고 하고 싶은 일이 너무 많다. 왜 우울해야 하는지, 왜 지루한지 이해되지 않는다. 그러므로 자신들의 호기심을 시도하는 일이 충족되기만 한다면 매일, 매일 재미를 찾아 즐겁게 주변 사람들에게도 웃음을 선사하며 날아다니고 있을 것이다.

변화가 놀이요 혁신이 일상인 적응력

오디세우스가 아니었다면 트로이 전쟁은 10년 만에 트로이 목마라는 기발한 아이디어를 끝으로 막을 내리지 못했을 것이다. 계속해서 단순하게 육탄전만 벌이며 지리멸렬한 죽음을 이어가다 고대 다른 전쟁들처럼 흐지부지 승자도 패자도 결국 다 폐허가 되면서 끝을 맺었을 것이다. 확실히 오디세우스가 자신이 트로이 전쟁의 숨은 주역이라 큰소리칠만하다. 현대인들 중에도 트로이 전쟁은 몰라도 트로이 목마는 대개 알고 있으니 말이다. 그런 만큼 오디세우스 유형이 매우 총명한 지략가라는 사실을 절대 간과해선 안 된다. 절대 그저 웃고 다니기만 하는 것이 아니다.

오디세우스 유형은 사고형으로서 생각이 많은데 여기에 풍부한 경험까지 더해지면서 자연히 새로운 아이디어도 많아지고 지략도 더해지는 선순환의 구조를 지니고 있다. 그로 인해 세상 어디에 데려다 놔도 금세 변화에 적응하며 살 수 있다. 가히 에스키모한테도 냉장고를 팔 수 있는 사람들로서 변화가 놀이요 혁신이 일상일 수 있는 유형이다. 오디세우스 유형의 빼어난 장점 중의 하나이다. 그러므로 현대 오디세우스의 후예들도 지금 이 시간 어딘가에서 자신들만의 트로이 목마를 만들 혁신적 아이디어를 내놓고 있을 것이다. 어서 빨리 트로이 전쟁을 끝내고 또 다른 모험을 떠나기 위한 부푼 꿈을 안고서 말이다.

부정적 측면

참을 수 없는 존재의 가벼움

오디세우스는 식인 거인을 장님으로 만들고 가까스로 도망쳤으면서 거인을 놀리지 않고는 못 배기는 성격이다. 즉 오디세우스 유형은 가볍다. 자칫 날아갈까 두려울 정도로 가볍다. 거기다 눈앞에 흥미로운 일이 있으면 자신의 본분은 잊고 훅 딸려가는 경향이 심하다. 고향에 가야 하는데 마녀도 궁금하고 세이렌도 궁금하고 님프도 궁금하다. 마치 놀이동산에서 친구들과 노는 데 정신이 팔린 아이들과 같다. 신나게 노는 자신을 바라보는 엄마들이 행여 넘어질까, 다칠까 노심초사하는 마음 따위는 안중에 없다. 그저 자신이 원하는 놀이기구를 다 타봐야 직성이 풀린다.

현대 오디세우스의 후예들 중에도 간혹 아이들보다 더 철없는 엄마, 아빠들도 있다. 최소한의 일은 유지하고 있너라노 무언가 하나 이상의 취미에 중독에 가깝게 빠지거나 혹은 취미조차도 이것저것 돌려가며 재미를 추구하기도 한다. 원래 사고형들은 공통으로 타인을 섬세하게 배려하는 정서적 능력이 부족한데, 재미에 빠진 오디세우스 유형은 배려는커녕 자신은 즐거운데 (그런 자신이 걱정되어 불안한 시선으로 바라보는) 주변 사람은 왜 안 즐거운지 이해하지 못한다. 그러면서 (자신이 즐거우니까 더욱 낙천적으로 세상을 바라보며) 모든 게 다 잘 될 거라 자신감 뿜뿜이다(이럴 때 오디세우스 유형은 사고형이 맞나 싶을 정도로 아무 논리적 근거 없이 초긍정적이다). 진정 참을 수 없는 존재의 가벼움이란 말이 딱 어울리는 순간이다.

미꾸라지도 울고 갈 핑계 대기

오디세우스는 마녀 키르케가 부하들을 돼지로 만들었다는 이야기를 듣자 어떻게 그런 일이 가능한지 궁금해서 견딜 수 없다. 지난번에도 부하들 전체를 위험에 빠트려놓고 이번에도 또 그러냐 말리는 부하에게 마녀가 궁금한 게 아니라 부하들을 구하러 가는 거라 둘러댄다. 마치 미꾸라지가 그물에서 빠져나가는 것 같다. 그런데 문제는 이들이 총명하다는 점이다. 물론 스마트함 그 자체야 전혀 문제될 것이 없다. 오히려 장점이다. 다만 오디세우스 유형의 경우 자신들이 호기심으로 딸려갈 때 행여 다른 사람들이 제지하려 들면 특유의 총명함을 발휘하여 기가 막히게 그럴싸한 이유를 둘러대며 빠져나간다는 사실이다.

오디세우스 유형의 핑계 대기가 극에 달하는 것은 바로 어떤 일을 시도했다 싫증이 날 경우, (다른 유형들이 힘들어도 끝까지 묵묵히 노력할 때) 이들은 특유의 총명함으로 포기할 이유까지 만들며 '자기 합리화'를 한다는 사실이다. 즉 자신은 너무도 합리적인 이유로 포기하는 것이기 때문에 다음에 어려움이 와도 또 쉽게 포기한다. 그리하여 오디세우스의 후예들 중에는 어려운 일, 하기 싫은 일은 점점 더 멀리하며 자칫 뒷심이 약한 신뢰할 수 없는 사람이 될 가능성이 높은 경우가 많다. 그런 의미에서 또 다른 오디세우스 유형인 시시포스가 잔꾀를 부려 저승의 왕, 하데스를 속이고 지상으로 돌아갔다 다시 저승에 왔을 때 영원히 바위를 굴리는 형벌을 받은 건 시사하는 바가 크다. 반복적으로 바위를 굴리는 일은 오디세우스 유형에겐 가장 끔찍한 형벌이자, 가장 필요한 훈련이기 때문이다.

시작은 요란하나 끝은 미미한 디오니소스

오디세우스의 모험 이야기를 듣고 혹자는 흥미진진하다 여기며 나도 모험을 떠나고 싶다 가슴이 설렐 수 있지만, 유형에 따라 또 다른 누군가는 그래서 바다를 10년 떠돌아다닌 결과가 뭔데? 라고 자문할 수도 있다(그의 이야기를 후세에 전해주는 것도 정작 본인이 글이라도 남긴 것이 아닌 오이디푸스 유형인 호메로스 덕분이다). 즉 오디세우스 유형이 재미만 추구하고 어려운 일을 자꾸 피하면, 자칫 현실에선 이렇다 할 성과를 만들어내지 못하는 취약점에 부딪힐 수 있다. 한마디로 시작은 미미하나 끝은 창대한 것이 아닌 '시작은 요란하나 끝은 미미한' 경우이다. 그러다 그런 스스로에게 자신도 실망하기 시작하면 자칫 디오니소스적으로 이전보다 강도를 높여 재미만 추구하는 것이 습관화가 될 가능성도 있다.

디오니소스는 술의 신으로 술을 마시고 이성을 잃고 축제를 즐기는 신으로 오디세우스 유형의 특성을 대표하는 신이다. 그렇다고 오디세우스 유형이 유독 술을 즐긴다는 뜻은 아니다. 다만 이들은 자신들 뜻대로 일이 풀리지 않을 경우 (그 이유가 스스로 꾸준히 밀고 나가는 인내력 부족임에도) 너무 빨리 실망하고 너무 빨리 포기하며 다른 유형보다 다소 과하게 스트레스를 해소하는 무언가를 습관화시킬 가능성이 높다는 뜻이다. 그러므로 오디세우스의 후예들은 특유의 총명함을 활용하여 모험을 즐기되 조금은 더 생산적인 모험을 즐길 방안을 모색할 필요가 있겠다. 자칫 떠들썩하게 이 일 저 일 벌이기만 하고 아무것도 남기지 못하는 빈손이 되지 않도록 말이다.

에니어그램으로 본 오디세우스 유형의 성장 포인트
내가 오디세우스의 후예라면

자신들만의 돛대 만들기

어떡하면 피터팬처럼 가벼운 오디세우스가 날아가지 않고 자신의 항로를 지킬수 있을까? 그 팁은 오디세우스가 세이렌의 노래를 듣기는 하지만 끌려가지 않도록 돛대에 자신을 묶은 것에 있다. 즉 오디세우스 유형에게 호기심을 무조건 억누르고 살라고 하는 것은 장형인 헤라클레스에게 힘을 쓰지 말고 살라는 것만큼이나 어려운 일이다. 억지로 무리수를 둘 수 없고 호기심의 긍정적인 측면을 감안할 때 무조건 그럴 필요는 없다. 다만 중요한 것은 너무 과하게 끌려가지 않도록 각자의 돛대 하나씩은 만들어 둘 필요가 있다.

(오디세우스가 아테네 여신의 말을 듣는 것처럼) 마지막 순간에 귀 기울일 만한 한 사람을 정해두어도 좋겠다. 아니면 (결혼한 경우라면) 일정 금액 이상은 파트너에게 맡기거나 공동 계좌에 넣어 호기심 충족에 쓸 수 있는 금액 자체를 한정 짓는 것도 한 방법이겠다. 어떤 방법이라도 좋으니, 오디세우스의 후예들은 일단 자신들만의 돛대 하나씩은 만들도록 하자. 세이렌의 노래는 들되 유혹에 끌려가지 않고 살아남을 수 있도록.

목표와 항로를 정하고 출발하기

오디세우스는 고향이란 뚜렷한 목표가 있었음에도 막상 바다에 뛰어들자 호기심에 끌려 이리 출렁이고 저리 출렁인다. 하물며 처음부터 뚜렷한 목표나 목적 없이 단순히 재미만 쫓으면 결과는 뻔하다. 반면 지난 시간 동안 축적한 다양한 경험으로 인해 나도 모르는 사이 내 안에 축적된 경험이 많다. 그러므로 오디세우스의 후예들은 이제부터는 (설혹 호기심에서 시작하는 일이라 할지라도) 한 가지 목표는 세우고 시작하자. 그다음, 어떡하면 목표를 달성할 수 있을지 항로를 짜보도록 한다.

사실 오디세우스 유형의 경우, 일단 한 번 목표를 정하고 그에 따른 구체적 계획을 세우겠다 마음만 먹으면 특유의 스마트함을 발휘하여 누구보다 좋은 시나리오나 시뮬레이션을 만들어 낼 수 있다. 독특한 아이디어의 대가, 오디세우스니까. 그러니 오디세우스의 후예들은 자신들이 지닌 좋은 재능을 가벼움에 흩날려버리지 말고 오늘부터 한 가지 일이라도 구체적인 목표와 실행 계획을 세워보도록 하자. 그럼 거기에서 또 다른 재미와 흥미를 느낄 수 있는 자신을 발견할 수 있을 것이다.

한 곳에 돛을 내리고 진득함 터득하기

오랜 모험 끝에 고향에 돌아간 오디세우스가 지혜의 여신인 아테나 여신의 충고를 받아들여 노인으로 변장하고 차분히 적을 물리치는 것은 오디세우스 유형에겐 엄청난 성장 포인트이다. 에니어그램에서 오디세우스 유형의 성장 포인트는 오이디푸스의 진지함이기 때문이다. 어떻게 해야 오디세우스의 후예들이 오이디푸스의 진지함을 갖출 수 있을까? 힌트는 시시포스의 바위 굴리기에 숨어 있다. 또 다른 오디세우스 유형인 시시포스는 자신이 하기 싫은 것은 어떡하든 빠져나가려 꾀를 부리다 결국 하데스에게 영원히 바위를 굴리는 형벌을 받는데 이는 7유형들에게 시사하는 바가 매우 크다. 한 가지 일을 꾸준히 반복하는 것은 오디세우스 유형에겐 가장 피하고 싶은 일이자 꼭 필요한 일이기 때문이다.

오디세우스 유형은 특유의 호기심으로 이것저것 시도는 많이 하지만 (특정 수준에 도달하기 위해 꾸준히 노력해야 하는 단계에 이르면) 금방 싫증을 내면서 또 다른 일을 찾아 나서며 자칫 어느 한 가지도 결과물을 만들어내지 못할 가능성이 매우 높다. 그러므로 이제는 자신이 지금까지 시도했던 수많은 일들 중에서 가장 끌리는 단 한 가지를 선택하자. 그리고 그 일에서 전문성을 쌓기 위한 시나리오나 시뮬레이션을 만들어 보자.

단, 이때 주의할 점은 시나리오는 (금방 싫증을 낸다는 점을 감안하여) 가능한 여러 단계로 나누어서 만들어야 한다(즉 1,000m 경기를 목표로 한다면 100m를 열 번에 나눠서 뛰겠다고 목표를 세우는 셈이어야 한다). 그런 후, 목표점을 통과할 때마다 자축하고 스스로를 칭찬해주자. 즐거움이 필요한 오디세우스에겐 꼭 필요한 일이다(그렇다고 자칫 너무 과하게 목표를 잊을 정도는 안 된다). 그렇게 같은 100m 단거리를 열 번에 나눠서 뛰다 보면 자신도 실질적인 결과물을 만들어 낼 수 있다는 자기 확신이 생기기 시작할 것이다(사실 오디세우스 유형은 겉으로 표현은 안 하지만 내심 스스로에 대해 자기확신이 약하다. 거기다 시작한 일을 끝맺지 못하는 경험들이 몇 번 쌓이면 자신도 모르는 사이에 스스로를 믿지 못한다. 그러나 겉으로는 그럴수록 더욱 근거 없는 자신감을 내뿜으며 오히려 이전보다 더욱더 초절정 낙천적이 된다).

그렇게 장거리 프로젝트를 나눠서 몇 번 단거리로 행하다 보면 서서히 오이디푸스의 진득함을 터득할 수 있게 된다. 그러면 고향에 돌아간 오디세우스가 단박에 자신의 궁으로 뛰어가지 않고 노인으로 변하여 치밀한 계획을 세우고 때를 기다리는 것처럼 오디세우스의 후예들도 지략에 진지함을 더해 깊어질 수 있다. 비로소 자신만의 뿌리를 내리며 트로이 전쟁의 조연에서 오디세이아라는 대장정의 주연으로 다시 태어나는 순간이다.

오디세우스 유형을 위한 성장 TIP!

오이디푸스의 진지함

스핑크스를 물리친 오이디푸스는 왜 자신의 눈을 찔렀을까?

지적 깊이와 인색함을 오가는 오이디푸스

지적 깊이와 인색함을 오가는
오이디푸스

오이디푸스의 자기고백

"어째서 사람들은 그리도 가벼울까요…? 경…박 하다는 단어가 사전적으로 좀 더 정확한 표현이 될지도 모르겠습니다. 운명이란 참으로 거대한 수레바퀴 같아서 인간이 마주하기엔 깊은 고뇌와 사유가 필요한 일입니다. 그런데 그저 매일 먹고 마시고 시시덕거리며 삶을 허비하다니요. 참으로 이해하기 어렵습니다. 사람들은 제가 아비를 죽이고 어미와 결혼한다는 신탁을 들었을 때 운명을 감당하지 못해 도망친 걸로 아는데 절대 그렇지 않습니다. 도대체 운명이란 것이 무엇인지 그 정의에 대해 한 번이라도 생각해보고 그런 말들을 하는지 모르겠습니다.

홀로 있을 시간이 필요했습니다. 운명이란 과연 무엇인지, 그래서 제게 다가온 그 신탁의 의미가 무엇인지. 과연 제가 받아들여야 하는 건지 아니면 정면으로 돌파해야 하는 건지. 일단 운명 그 자체를 이해하고 알아야 그다음 행보를 정할 수 있는 거 아니겠습니까. 다들 운명이 무엇인지 논리적으로 이해도 못하면서 그저 아무 생각 없이 제가 도망쳤다 식탁 앞에서 입방아를

찢어대는 걸 보면 사람들을 가까이하고 싶은 생각이 딱 떨어집니다. 그러니 그런 이들과 어울려 있으면서 어찌 생각이란 걸 할 수 있겠습니까. 홀로 고요히 생각할 시간이 필요했습니다. 그뿐입니다.

그렇게 홀로 사색하며 많은 걸 깨우쳤습니다. 세상 모든 지식을 접할 수 있었고 그중 많은 것을 제 것으로 할 수 있었습니다. 덕분에 지식을 앞세워 사람을 죽이는 괴물 스핑크스를 물리치고 테베를 구하여 왕이 되었습니다. 그렇다고 꼭 왕이 되고 싶었던 건 아닙니다. 하지만 굳이 그 자리를 거절할 논리가 없었습니다. 그래서 그냥 맡게 된 것 같습니다. 아니, 기왕 맡게 된 거 '철인 통치'를 한번 펼쳐보고 싶었습니다. 현인들이 늘 말하듯이 가장 이상주의 국가는 철학자가 다스리는 나라라고 하지 않습니까. 그걸 테베에서 한번 실현해보고 싶은 마음은 있었던 것 같습니다. 힘이 아니라 지식이 기반된 철인들의 나라, 참으로 고매하고 이상적일 거란 생각이 들었습니다. 우매한 사람들을 그렇게라도 끌고 간다면 힘만 앞세운 사람들이 통치하는 것보다 조금은 더 낫지 않을까 하는 마음이 들었던 것 같습니다.

그래서였습니다. 왕위를 버리고 떠난 이유. 테베를 통치하는 동안 참으로 정성을 다했습니다. 그러나 우매한 인간들은 조금도 나아지지 않았습니다. 이제 힘의 시대가 서서히 저물고 지식의 시대가 도래하고 있다는 사실을 아무리 깨우쳐주려 했지만 불가능했습니다. 깊이 생각하고 사유하기는커녕, 여전히 눈앞의 욕심을 채우는 일에만 급급했습니다. 역시나 모든 사람을 지적으로 고매한 존재로 이끌려던 제 소망은 꿈이었습니다. 그런 사람들에게 제가 무엇을 더 기대할 수 있었겠습니까. 아무 생각 없이 남의 말하기 좋아하는 사람들은 제가 왕위를 버리고 테베를 떠난 이유가 왕비한테 죄책감이 들어서라고들 하더군요. 인간으로서 제가 저지른 행위는 참으로 끔찍합니다. 그러나 차분히 생각해보면 저는 그와 같은 사실을 전혀 몰랐습니다. 그러니 저 또한 피해자입니다. 제가 몰랐다는 사실이 참으로 참혹합니다. 제가 모르는 게 있었다니 말입니다….

결론적으로 정리를 해보자면 저와 왕비, 두 사람 다 저희 가족에 얽힌 일들을 몰랐습니다. 왕비는 왕비의 길을 택한 것이고, 저 또한 저의 길을 택했습니다. 제가 왕위를 내려놓고 테베를 떠난 이유는 죄책감 때문만이 아니라 첫째. 제가 아무것도 몰랐다는 치욕스러움 둘째. 아무것도 모르는 우매한 사람들이 자신들 멋대로 이 이야기를 떠들어 댈 것에 대한 모멸감. 셋째. 인간으로서 최소한의 양심. 이상입니다. 이것이 팩트입니다. 그러므로 이번 사건에 대해 이 이상 그 어떤 이야기도 덧붙이지 말아 주시기 바랍니다. 특히 이야기를 비논리적으로 확대 해석하여 상상의 나래를 펼치는 일만큼은 절대 삼가시기 바랍니다.

저는 이제 다시 길을 떠나려 합니다. 일이 이렇게 되니 자식들도 제 살길만 찾더군요. 인간이란 참… 차라리 잘 되었습니다. 이제야말로 모든 걸 다 털어버리고 저 혼자 지식 탐구에 빠져 살 수 있으니까요. 지식은 한없이 깊은 절대 세계입니다. 이참에 도대체 제가 왜 그 사실을 진작 알아차리지 못했던 건지도 다시 곰곰이 인과의 과정을 살펴볼까 합니다. 아. 그러고 보니 제 큰딸, 안티고네가 길을 따라나섰는데 동행자는 그 하나로 충분합니다. 그 애는 유일하게 절 이해하는 속이 아주 깊은 아이니까요.

지적 도취에 가려진 눈 먼 삶

'부은 발'이라는 뜻의 이름을 지니게 된 오이디푸스는 원래 테베의 왕 라이오스와 왕비 이오카스테 사이에 태어난 외동아들이었다. 이들 부부는 오래도록 자식이 없어 늘 상심에 빠져 있다 아폴론 신전에 신탁을 구하였다. 신탁은 두 사람이 아들을 낳게 되는데 그 아이는 아비를 죽이고 왕이 된다는 끔찍한 예언을 하였다. 신탁을 들은 왕은 그 즉시 자신이 젊은 날 저지른 죄의 대가임을 알아차렸다. 젊은 날 라이오스는 펠롭스 왕이 다스리는 나라를 방문한 적이 있는데 그에게는 너무도 아름다운 아들 크리시포스가 있었다. 궁전에 머물며 왕으로부터 융숭한 대접을 받은 라이오스는 떠나면서 그만 크리시포스의 아름다움에 빠져 그를 납치하여 달아나 겁탈을 하였다. 이에 격분한 펠롭스 왕이 가정의 수호신인 제우스의 아내, 헤라 여신께 기도를 올린 뒤 테베로 공격해 들어와 아들을 되찾아갔다. 그리고 가정의 수호신, 헤라 여신은 라이오스에게 타인의 가정을 파탄한 그의 죄를 물어 저주를 내렸다.

테베의 왕이 된 라이오스는 이오카스테와 결혼한 뒤에는 왕비만 사랑하며 살고 있었지만 젊은 날 지은 죄로 인해 내려진 헤라의 저주는 풀리지 않았다. 그리하여 왕은 차라리 후계자 없이 살아갈 것을 결심하였지만 남녀 간의 일이라는 것이 그럴 수는 없는 법, 어느 날 왕비는 임신을 하게 되고 열 달 뒤 건강한 사내아이가 태어났다. 혹시나 딸이기를 바라는 마음으로 기다렸으나 역시나 신탁처럼 아들이 태어나자 부부는 어쩔 수 없이 일찌감치 아들을 산에서 죽게 만들어 후환을 없애기로 결정하였다. 그편이 아들이 아비를 죽이는 끔찍한 운명을 피할 유일한 길이라 믿었다.

왕과 왕비는 아이를 산에 내다 버리기로 결정하였다. 명을 받든 목동은 불쌍한 생각이 들어 아이를 차마 버리지 못하고 코린토스의 폴리보스 왕에게 데려갔다. 마침 아들이 없었던 왕은 아이를 처음 봤을 때 묶인 발이 부었다고 퉁퉁 부은 발이라는 '오이디푸스'라는 이름을 지어주고 양자로 삼았다. 왕은 어릴 때부터 남달리 총명한 오이디푸스를 총애하며 애지중지 키웠다. 어엿한 왕자로 자란 오이디푸스가 어느 날 잔치에 갔다 술 취한 취객으로부터 왕의 친아들이 아니라는 소식을 듣게 되었다. 너무도 큰 충격을 받은 그가 왕궁에 돌아와 아버지께 여쭙자 왕은 헛소문이라 일축해버렸다. 하지만 한번 시작된 소문이 꼬리에 꼬리를 물고 코린토스 전역에 번지기 시작하자 오이디푸스는 사실확인을 위해 직접 아폴론 신전을 찾았다.

그곳에서 확인한 신탁은 아버지를 죽이는 정도가 아니라 어머니와 결혼까지 한다는 차마 입에 담기조차 끔찍한 이야기였다. 이젠 더 이상 친아들인지 아닌지 정도의 문제가 아니었다. 너무도 끔찍한 이 운명에서 벗어나는 일이 무엇보다 시급했다. 오이디푸스가 할 수 있는 일이란 가능한 코린토스에서 멀리 도망치는 일이었다. 그토록 자신을 사랑해준 아버지를 죽이고 어머니와 결혼하다니. 절대로 일어나선 안 되는 일이었다. 그렇게 황망한 마음으로 코린토스를 빠져나와 이곳저곳을 떠돌다 델포이의 세 갈래 길에 들어서게 되었다.

마침 맞은 편에서 세 명의 수행원을 거느린 노인이 마차를 타고 오다 마주치게 되었다. 마부가 길을 비키라며 채찍을 휘두르자 안 그래도 마음이 심란한 오이디푸스가 순간 방어하기 위해 일격을 가하자 마부가 떨어져 나갔다. 그 장면을 지켜보던 노인이 지니고 있던 가시나무 몽둥이로 오이디푸스의 정수리를 내리쳤다. 이에 그동안의 모든 울분이 한꺼번에 터진 오이디푸스는 이성을 잃고 노인과 수행원 두 명을 죽여버렸다.

너무도 순식간에 일어난 일로서 어지간한 일에는 흥분하지 않는 오이디푸스 자신도 마치 꿈을 꾸는 것처럼 믿기지 않았다. 그러나 자신의 생각에만 깊이 빠진 오이디푸스는 본인이 저지른 일을 현실이 아닌 양 여기고 다시금 홀로 생각에 빠져 그 자리를 떠났다. 한편 용케 살아남은 수행원 한 명이 테베로 달려가 이 사실을 고했다. 다만 한 사람에 의해 당했다고 하면 창피하기도 하고 살아 돌아온 책임을 추궁당할까 떼강도를 만났다고 했다. 그러나 온 도시가 죽음의 검은 그림자에 뒤덮인 테베는 왕의 죽음을 꼬치꼬치 파고들 겨를이 없었다.

그러던 어느 날 테베로 들어선 오이디푸스도 이 도시의 불행을 알게 되었다. 테베의 불행이란 다름 아닌 얼굴과 가슴은 여인인데 몸통은 날개 달린 사자의 모습을 한 괴물, 스핑크스의 출몰이었다. 스핑크스는 이 세상 모든 지식을 다 습득하여 지식으로는 아무도 그를 따라갈 자가 없다는 괴물이었다. 그런 스핑크스가 테베 길목에 서서 지나가는 사람들에게 알 수 없는 수수께끼를 내고 알아맞히지 못하면 그 자리에서 죽여버렸다. 그로 인해 온 도시는 공포에 휩싸이고 매일 사람들이 죽어 나가자 인간의 힘으론 해결할 수 없다 판단한 라이오스 왕이 델포이에 신탁을 구하러 가다 그만 세 갈래 길에서 봉변을 당한 것이었다. 괴물의 출현에 이어 왕까지 그런 참변을 당하자 도시 전체는 절망감에 쌓여 누구든 스핑크스를 처치해주는 이에게 왕비와 결혼하여 왕권을 이어가게 하겠다는 포고령을 내렸다.

어릴 때부터 남달리 총명했던 오이디푸스는 괴물이 완력이 아닌 수수께끼로 인간을 농락한다는 얘기를 듣고 스핑크스를 찾아갔다. 괴물이 두렵다기보단 괴물이 내는 수수께끼가 너무도 궁금하였다. 스핑크스는 다들 겁에 질려 어떻게든 자신을 피하려 드는데 자기 발로 무덤을 찾아온 오이디푸스가 가소로웠다. 그리하여 잔뜩 어깨에 힘을 주고 의기양양한 표정으로 알아맞히지 못하면 목숨을 앗을 것이라는 말과 함께 그 어느 때보다 어려운 질문을 던졌다.

"아침에는 네 발, 낮에는 두 발, 밤에는 세 발을 지니며 모든 유한한 생물 중 유일하게 발의 수를 바꾸며 사는 생물이 무엇이지?"

그러자 잠시 생각에 빠졌던 오이디푸스가 별거 아니라는 표정으로 답하였다.

"그건 사람이지. 인간은 누구나 어렸을 땐 두 발, 두 손으로 기어 다니지만 젊어서는 두 발로 걸어 다녀. 그러다 나이가 들면 기운이 빠져 세 번째 발인 지팡이에 의지할 수밖에 없지."

지금은 너무도 유명한 이 수수께끼는 오이디푸스가 스핑크스와 첫 대결에서 맞춘 아주 오래전 이야기다. 오이디푸스가 너무도 간단히 정답을 맞혀 버리자 충격에 휩싸인 스핑크스는 약속을 깨고 한 번만 더 질문을 던져 만약 이번에도 정답을 맞히면 자신이 계곡 아래로 떨어져 죽겠다고 하였다. 물론 이번에 만약 오이디푸스가 정답을 못 맞히면 여전히 그의 목숨을 앗을 거라는 말과 함께.

"자매가 있는데 언니가 동생을 낳고, 새로 태어난 동생이 다시 언니를 낳는다. 이 자매의 이름이 뭐지?"

이번엔 슬며시 여유로운 미소까지 지으며 오이디푸스가 '낮과 밤'이라고 주저 없이 답하였다.

그러자 한낱 인간이 자신만큼 알고 있다는 사실이 치욕스러워 스핑크스는 계곡 아래로 떨어져 죽어 버렸다. 오이디푸스의 총명함이 괴물로부터 테베를 구하였다. 테베는 괴물이 사라졌다는 안도감에 라이오스 왕의 죽음은 뒤로하고 오이디푸스를 왕비 이오카스테와 결혼시키고 새로운 왕으로 받들었다. 두 사람은 행복한 결혼 생활을 하며 두 명의 아들과 두 명의 딸을 낳았다. 오이디푸스는 스스로의 총명함으로 자신의 끔찍한 운명도 피하고 테베도 구했다 여기며 평화로운 날들을 보내고 있었다. 그러던 어느 날 테베에 역병이 창궐했다.

어떤 방법을 동원해도 역병이 가라앉지 않자 이제는 왕이 된 오이디푸스는 신탁의 힘을 빌려 문제를 해결하고자 처남인 크레온을 델포이에 보냈다. 델포이에서 돌아온 크레온은 선왕인 라이오스 왕의 살인자를 찾아 처리하기만 하면 역병이 사라질 것이라는 신탁을 들고 돌아왔다. 오이디푸스는 그리스 전역에서 가장 예지력이 뛰어난 예언자, 테이레시아스를 궁으로 불러 살인자를 물었다. 그런데 테이레시아스는 사실을 알게 되면 오이디푸스가 불행해질 뿐이라며 입을 굳게 다물고 열려 하지 않았다. 세상 모든 것을 안다고 자부하는 오이디푸스가 혹 테이레시아스가 살해에 가담하여 자신을 핑계 대며 자기방어를 하는 것이 아니냐 그 나름 합리적 의심을 하였다. 그래도 테이레시아스가 조개처럼 다물어진 입을 열려 하지 않자 오이디푸스가 입을 열지 않는 것이야말로 당신이 공범이란 증거가 아니겠냐고 차갑게 몰아붙였다. 테이레시아스는 더는 오이디푸스의 추궁을 피하지 못하고 코너에 몰려 다음과 같이 외쳤다.

"진실을 볼 수 없는 어리석은 사람, 당신이 바로 라이오스 왕을 살해한 사람이오!"

예언자가 짧고 굵은 한마디를 남기고 궁을 떠나자 그때까지도 상황 파악을 하지 못했던 오이디푸스는 잠시 혼란스러웠다. 왕비가 오히려 흥분하여 절대 그럴 일이 없다, 왕은 델포이 삼거리에서 떼강도를 만나서 죽었다며 그를 위로하였다. 왕비의 흥분은 성가셨지만 '델포이 삼거리'라는 한마디가 귀에 꽂혔다. 오이디푸스는 왕비와는 달리 전혀 감정의 동요를 일으키지 않고 침착히 그 당시 살아 돌아온 수행원 한 명은 지금 어디서 무슨 일을 하며 살고 있는지를 물었다. 여전히 흥분 상태를 가라앉히지 못한 왕비가 이번엔 안 그래도 그게 좀 이상한 게 당신이 왕위에 오른 뒤 무언가 겁에 질린 듯 일을 그만두고 시골로 내려갔는데 혹시 그가 범인 아닐까 라며 이야기를 엉뚱한 방향으로 몰고 갔다.

왕비의 의견에는 개의치 않고 오직 사실만 추적하던 오이디푸스는 내심 긴장했다. 그럼에도 한 점 흐트러짐 없이 여전히 침착하게 혹시 이전 왕과 사이에 아들이 있었는지, 만약 있었다면 지금 그 아들은 어디에 있는지를 마치 수사관이 탐문을 하듯 차분히 질문을 이어갔다. 지나간 과거를 들춰낸다고 생각한 왕비가 몹시 기분 나쁘다는 어투로 아들이 하나 있긴 했는데 아들이 자라면 아비를 죽인다는 신탁 때문에 태어나자마자 코린토스 산에 버려 죽게 만들었다고 답하였다.

여기까지 확인한 오이디푸스는 자신의 추론이 거의 확실하다고 생각하였다. 하지만 그는 마지막으로 팩트 체크를 해야 했다. 그때까지 가설은 가설일 뿐이었다. 자신을 의심한다 불평하는 왕비는 전혀 상대하지 않고 시골에 사는 수행원을 불러 올렸다. 오직 팩트 체크. 그것만이 중요했다. 이윽고 겁에 질려 벌벌 떨며 궁으로 들어오는 수행원을 보는 순간, 모든 것은 자명해졌다. 자신이 바로 델포이 삼거리에서 왕을 죽인 자였고, 죽은 왕이 바로 친아버지였다. 세상 모든 지식을 다 아는 괴물, 스핑크스를 처치하며 자신이야말로 모든 것을 다 안다고 자부하던 오이디푸스였지만 정작 본인의 일은 몰랐던 것이다.

결국 자신의 총명함으로 신탁마저 피할 수 있다 여겼던 오이디푸스는 거스를 수 없었던 운명 앞에 한동안 말문을 잃었다. 아무리 생각해도 자신의 능력으로 운명으로부터 멀리 도망쳤다고 생각했는데 어떻게 이런 일이 일어날 수 있었던 건지 도저히 이해되지 않았다. 생각할 시간이 필요했다. 한편 왕비는 결국 신탁이 이루어진 것을 깨달은 뒤, 이성을 잃고 아무도 따라오지 말라며 자신의 방으로 뛰어 들어갔다. 얼마나 긴 시간이 흘렀는지도 모를 만큼의 시간이 흘렀다. 왕비의 존재는 까맣게 잊은 채 계속해서 자신의 생각 속에만 갇혀있는 오이디푸스를 하인들이 충격적인 목소리로 흔들어 깨웠다.

"왕비님께서 목숨을 끊으셨어요!"

짧은 한마디에 그제서야 현실로 돌아온 오이디푸스가 정신을 차리고 왕비의 방으로 달려갔으나 이미 때는 늦었다. 역시나 현실 인식이 되지 않아 한참을 왕비의 시신을 바라보던 오이디푸스가 끝내는 눈물을 터트리며 절규하였다. 그렇게 한동안 왕비의 시신을 붙잡고 괴로워하던 오이디푸스가 갑자기 검붉은 핏자국이 선명한 왕비의 옷에 꽂혀있던 황금 브로치를 끌러 날카로운 옷핀으로 자신의 두 눈을 찔렀다. 너무도 순식간에 일어난 일이라 아무도 말리지 못했다.

결국 오이디푸스는 모든 걸 내려놓고 고행길에 올랐다. 두 아들들은 남겨진 왕위를 누가 차지할 것에만 정신을 쏟고, 막내딸 이스메네는 자신의 안위만 걱정하였다. 오직 큰딸인 안티고네만이 유일하게 아버지를 따라 나섰다. 역시 인간은 믿을 수 없는 존재들이었다. 그런 사람들과 더불어 사느니 차라리 홀로 인생의 답을 찾았어야 했는데 자신이 어리석었다 생각하였다. 이제라도 그동안 알게 모르게 지은 모든 죄를 씻어내고 이번에야 말로 진실된 참진리를 찾고 싶었다. 그 길의 동행자로는 속 깊고 믿을 수 있는 큰딸, 안티고네 하나로 충분하였다.

오이디푸스는 우선 아폴론 신전을 찾았다. 신들은 알고 자신은 모르는 그 세계가 무엇인지 알고 싶었다. 인간이란 아무리 발버둥쳐도 운명의 굴레에서 한 치도 벗어날 수 없는 존재 같았다. 오직 신들이 아는 그 세계를 아는 길만이 참다운 진리를 깨닫는 길일 것 같았다. 신들 역시 오이디푸스가 죄의 원인이 아님을 인정하였다. 더불어 오이디푸스가 고행 끝에 스스로 진리를 터득할 수 있을 것이라는 예언과 함께 노현자가 된 그의 시신을 거두어 주는 나라는 영원히 지적 문명을 발전시키며 번영할 것이라는 새로운 신탁을 내려 주었다. 힘겨운 삶을 이겨낸 뒤 깨달음을 얻게 되는 성스러운 삶을 약속 받는 순간이었다.

오이디푸스는 그때부터 은둔자의 길에 올랐다. 평상시 물욕이 없고 진리의 세계에 심취하기 좋아했던 오이디푸스지만 그래도 고행은 힘겨울 거라 각오하였다. 하지만 길 위에서 만나는 힘없고 여린 사람들은 오이디푸스 부녀를 따뜻이 맞아주고 자신이 가진 소박한 음식과 잠자리를 제공해주었다. 헤어질 땐 따스한 위로도 잊지 않았다. 지금까지 오이디푸스가 알지 못했던 세상이었다. 아니, 이전 홀로 떠돌 때도 그러하였다. 다만 그때는 눈을 뜨고도 보지 못했다. 이제 눈이 멀어 전적으로 타인에게 의존하며 비로소 세상의 진면목을 깨달을 수 있었다. 진리는 지식 속에만 있는 것이 아님은 물론 그리 먼 곳에 있는 것도 아니었다. 지금까지 볼 수 없었고 느낄 수 없었을 뿐. 그리하여 그때부터 오이디푸스는 지식에 따스한 인간성을 겸비한 진정한 지성인으로 거듭나기 시작했다.

그렇게 참다운 삶에 대해 깨닫고 그 자신도 실천하며 살아가던 어느 날 아테네의 콜로노스라는 신성한 숲에 다다르자 오이디푸스는 이곳이 바로 약속의 땅임을 알아차렸다. 그 자신이 어느새 테이레시아스 못지 않은 현자가 되어 있었기 때문이다. 드디어 운명의 날, 오이디푸스는 숲속 어귀 시냇가에서 성수로 몸을 씻으며 마지막을 준비하였다. 그런 후 마치 눈이 보이는 사람처럼 그 누구의 도움 없이 홀로 저승세계로 연결된 동굴 입구까지 걸어 갔다. 동굴 앞에 잠시 머무는가 싶더니 순간 몸이 붕 떠오르며 날아 올랐다. 동시에 눈부신 광채가 동굴 입구를 뒤덮어 사람들이 눈을 뜰 수가 없었다. 사람들이 다시 눈을 뜨자 어느새 그는 사라지고 없었다.

그의 사후 신들이 약속한대로 시신을 거둔 아테네는 인본주의를 바탕으로 한 오이디푸스의 지식탐구 정신을 이어받아 정치, 철학 및 과학 등 다양한 학문을 일으키며 서구 문명의 진원지가 되었다. 더불어 이 모든 이야기는 테이레시아스의 딸로부터 진리를 향한 탐구정신을 전수받았다고 전해지는 인류 최초의 음유시인인 호메로스에 의해 오늘날까지 전해지고 있다.

에니어그램으로 본
오이디푸스 유형 분석

유형 특성

에니어그램으로 볼 때 오이디푸스는 이 세상
을 불안한 곳으로 보고 안전함을 추구하는
사고형이다. 사고형들은 행동하기에 앞
서 머리 속으로 가장 안전한 시나리오
가 무엇일지 끊임없이 그려보는 공통점
을 지니고 있다. 그중에서도 오이디푸스
는 에너지를 안으로 쓰는 5유형, 사고 내
향형이다. 사고 내향형들은 이 세상 모든 지식

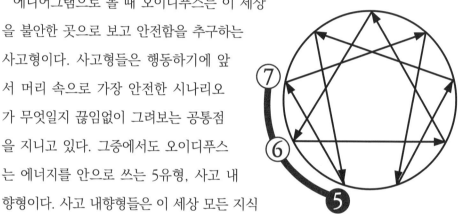

을 다 알아서 그중에서 가장 안전한 방식을 선택하려
하는 특성을 지니고 있다. 즉 생각을 하되, 에너지를 밖으로 쓰는 오디세우스가 세
상 모든 것을 경험하고 그중 가장 안전한 방법을 선택하려는 것과는 달리, 에너지
를 안으로 쓰는 오이디푸스 유형들은 역으로 세상으로부터 한걸음 물러나 자기 안
으로 침잠하여 홀로 지식을 연마하여 거기서 가장 안전한 길을 찾으려 하는 유형이
다. 그런 만큼 오이디푸스 유형은 이리 저리 방방 뛰는 오디세우스 유형과는 달리
조용히 자신의 동굴 안에 들어가 스스로 만족할 만한 답을 찾을 때까지 끝없이 지
식을 탐구하고 구하는 다소 진지한 스타일이다.

어릴 때부터 총명한 오이디푸스는 자신이 폴리보스 왕의 친아들이 아니라는 소문을 듣고 확실한 답을 찾기 위해 신전을 찾았다. 그곳에서 자신이 친아버지를 죽이고 어머니와 결혼할 운명이라는 신탁을 듣고는 운명을 피해 홀로 멀리 도망친다. 이는 그 자체로 오이디푸스 유형이 인생을 대하는 특성을 잘 보여주고 있다. 사람들은 살면서 누구나 크고 작은 문제나 어려움에 부딪힌다. 그럴 때 문제를 해결하는 방식은 저마다 제각기 다르다. 고대 시대에 신전은 모든 지식과 지혜가 합쳐진 성스러운 곳이었다. 장형인 헤라클레스 유형은 일단 자신의 힘으로 해결을 시도해 보고 정녕 해결할 수 없으면 마지막으로 신전을 찾아 답을 구한다. 반면 오이디푸스 유형은 가장 먼저 신전을 찾아 답을 구한다. 즉 오이디푸스 유형은 일단 지식적으로 문제 원인을 파악하고 지적 해결을 시도한다. 행동은 그 다음이다.

한편 오이디푸스는 자신의 운명에 대한 신탁을 듣고 홀로 멀리 도망치는가 하면 자신에게 신탁이 이루어진 것을 알고서는 스스로 눈을 찌른다. 이 역시 오이디푸스 유형의 전형적인 특성 중 하나로 이들은 문제가 발생하면 일단 나 홀로 동굴에 틀어박히는 것을 선호한다. 특히 오이디푸스가 스스로 자신의 눈을 찌르는 것은 5유형이 세상과 문제가 생기면 자기 안으로 파고들어 문제를 해결하려 하는 것을 상징적으로 잘 보여주고 있다. 그리하여 왜 자신이 그런 운명을 짊어지게 되었는지, 그 이유는 뭔지, 어떻게 하면 해결할 수 있을지 등 한 가지 문제에 관해 지식적으로 처음부터 끝까지 다 이해할 수 있을 때까지는 절대 행동에 나서지 않으려는 특성을 지니고 있다. 생각 에너지를 안으로 쓰는 사고 내향형의 전형적인 특성이다.

한편 테베에 나타난 지적 괴물인 스핑크스는 오이디푸스 유형의 부정적 상징이라 할 수 있다. 즉 오이디푸스 유형은 한 가지 자신의 전문 분야에 빠지면 그 분야에서 최고의 반열에 오를 정도로 끈질기게 지적 탐구를 이어갈 수 있다. 기초 과학 분야의 모든 노벨상 수상자들이 전부 오이디푸스 유형은 아니겠지만 오이디푸스 유형들 중 많은 사람들이 연구소에 틀어박히는 걸 선호하는 것이 그다지 놀라운 일은 아니다(그런 의미에서 '빨리 빨리'를 추구하는 한국인들은 지금까지 오이디푸스 유형의 진가를 제대로 인정해주지 못한 것이 아니었나 하는 생각이다. 다가오는 다양성 시대에는 이들의 끈질긴 탐구심을 조금 더 높이 사주면 좋을 것 같다).

반면 그렇게 세상과 동떨어져 자신의 지식 세계에만 빠져 살면서 사람들과의 공감 능력은 점점 더 상실하며 자칫 지적 오류에 빠질 가능성도 높다. 바로 자신이 아는 것이 전부라고 여기며 그것으로 사람들을 조롱하는 스핑크스처럼 말이다. 한마디로 "생각한다. 고로 나는 존재한다"의 대표적 유형이 바로 오이디푸스 유형이다. 이들이 있었기에 인류는 수많은 분야에서 끈질긴 지적 성취를 이루며 오늘에 이르고 있다고 할 수 있겠다.

긍정적 측면

야만의 시대에도 빛나는 지적 탐구심

청년 시절 오이디푸스는 아버지를 죽일지도 모르는 신탁을 듣고 고향을 떠나 홀로 여기 저기를 떠돌며 지식을 탐구하고 축적한다. 그리고 그 힘으로 지적 괴물인 스핑크스를 물리친다. 그런가 하면 오이디푸스 이야기를 포함하여 고대 그리스 시대의 방대한 사건과 이야기를 〈일리아드〉와 〈오디세이아〉라는 서사시에 담아 전해주는 호메로스 또한 오이디푸스 유형이다. 호메로스는 인류 최초의 음유 시인이자 시성의 반열에 오른 고대 그리스 시인으로서 힘으로 상대를 제압하고 굴복시키는 야만의 시대에 지식을 사랑하여 후대에게 아름다운 지적 재산을 남겨준 보석 같은 존재이다. 같은 사고형으로 에너지를 외부로 쓰는 오디세우스가 세상 모든 것에 관심을 보이고 흥미를 느끼며 가능한 다 경험해보고 싶어 하는 것에 비해, 사고 내향형인 오이디푸스는 지식의 힘에 끌리고 지적 탐구를 선호한다. 그런 만큼 오이디푸스의 후예들은 오늘날에도 어딘가 조용한 자기만의 공간에서 홀로 고요히 자신들이 사랑하는 지적 탐구를 이어가고 있을 가능성이 매우 높다. 제 2, 제 3의 호메로스를 꿈꾸고 탄생시키며 말이다.

인스턴트 시대에도 빛을 발하는 진지함

오이디푸스는 왕에 오른 뒤 테베에 역병이 돌아 해결책을 모색하다 자신이 과거에 저지른 죄와 모진 운명과 다시 마주하게 된다. 이럴 때 대개 외향형들은 주변 사람들보다 자신이 더 흥분해서 우왕좌왕 하면서 문제를 더 크게 만들 가능성이 높다. 그러나 오이디푸스는 평상시와 다름없이 (아니 어떤 면에선 평상시보다 더) 차분히 우선 전반적인 상황을 파악하고 해결책을 모색한다.

이처럼 현대 오이디푸스의 후예들도 (자신이 스스로 용납하여 맡은 일에 있어서는) 조용히 티 안 나게 끝까지 최선을 다해 완수한다. 특히나 그 어떤 어려움이나 돌발 상황에서도 자칫 일을 더 악화시킬 수 있는 감정동요 없이 차분이 대처하며 문제를 해결하는 유형이다. 그런 만큼 대개 오이디푸스의 후예들 역시 차분하고 진지하다(그렇다고 그들이 늘 말수가 적다는 것은 아니다. 오이디푸스 유형은 많은 사람에게 자신과 자신의 세계에 대해 오픈하지 않는다. 대신 한 두 사람 신뢰할 수 있는 소수의 사람과 깊은 관계 맺기를 더 선호한다. 그리고 이렇게 자신과 자신의 분야를 이해해주는 사람들과는 온종일을 넘어 밤을 새워서라도 토론하고 교류하는 것을 즐기기도 한다). 게다가 이들은 인생을 살면서 전반적으로 깊이를 추구하는 것을 좋아한다. 지적 탐구자들답게 인생의 다양한 분야에서 그 원류까지 파고들며 삶의 깊이를 더하는 것을 좋아하는 사람들이다. 한마디로 오이디푸스의 후예들은 허무하리만치 모든 것이 급변하는 인스턴트 자본주의 시대에서도 자신들이 맡은 바 분야에선 지적 깊이를 더하려는 진지한 사람들이다.

시작은 미미하나 끝은 깊이 있게 마무리하는 끈기

오이디푸스는 태어나자마자 부모로부터 버려졌다. 참으로 보잘것없고 미미한 시작이다. 거기다 인생에 있어 호쾌한 영웅 헤라클레스처럼 대단한 무용담이 있거나 호기심 넘치는 오디세우스처럼 모험 이야기로 가득하지도 않다. 심지어 등장 인물도 많지 않다. 한마디로 인생이 밋밋한 것도 같고 너무 차분해 자칫 지루할 지경이다. 그러나 오이디푸스 이야기의 압권은 뭐니뭐니해도 그의 죽음이다. 신성한 노현자가 되어 마지막을 맞이하는 그의 죽음은 오이디푸스 유형이 아주 오랜 기간 홀로 조용히 자신의 전문 분야를 갈고 닦아 끝끝내는 그 분야 최고의 결과물을 내놓는 것을 상징적으로 잘 보여주고 있다.

게다가 그의 죽음이 성스러운 죽음으로 상징되는 또 다른 이유는 오이디푸스 유형의 성과물은 (다른 유형들이 자신의 개인적 이익을 위하여 짧은 순간 통용되는 성과물에 집착하는 것과는 달리) 지적 깊이를 바탕으로 하며 오랜 기간 (경우에 따라서는 심지어 사후에까지도) 사람들에게 도움이 되는 경우가 많다는 사실이다. 마치 호메로스가 있어 고대 수많은 이야기들을 알 수 있는 것처럼 말이다. 그러므로 현대 오이디푸스의 후예들 중에는 지금 이 순간에도 동세대는 물론 어쩌면 미래 세대들에게도 도움이 될 무언가를 홀로 고요히 탐구 중일 지도 모르겠다. 실로 시작은 미미하나 끝은 깊고 그윽한 의미를 남길 수 있는 사람들이라 할 수 있다.

부정적 측면

우물 안 지식 개구리

오이디푸스는 델포이 삼거리에서 자신도 모르게 누군가를 죽이고 현실인식을 못한 채 그 자리를 떠난다. 그리고 스핑크스를 처치한 뒤 테베 왕이 되어 자신이 한 일은 까마득히 잊은 후 테베를 통치하며 살아가는데 이 장면들은 오이디푸스 유형이 자기 안으로만 빠져드는 특성을 상징적으로 잘 보여주고 있다. 즉, 오이디푸스 유형은 일상에서 제 아무리 큰일이 일어나도 자신의 생각 체계에 속한 일이 아니면 그다지 관심을 보이지 않는다(그들 입장에선 관심이 생기지 않는다는 표현이 맞을 것 같다). 같은 사고형이지만 외향인 오디세우스가 오직 재미를 쫓아 호기심을 추구하는 것처럼, 오이디푸스는 자신들이 꽂히는 지적 세계에 빠지는 것을 선호한다.

만약 오이디푸스가 조금만 더 자신의 세계에서 빠져 나와 현실성을 갖고 살아가는 유형이라면 테베 왕에 오른 뒤 누가 테베 왕을 죽였는지 문제가 더 커지기 전에 사건 전모를 밝힐 수도 있었다. 자신도 모르는 사이에 문제를 더 키운 셈이다. 그럼에도 오이디푸스 유형의 가장 큰 단점 중의 하나는 자신이 알고 있는 것이 전부인양 자신의 지식세계에 갇힌다는 것이다. 즉 자신이 아는 것이 전부라 믿는 우물 안 지식 개구리들 같다. 그러므로 현대 오이디푸스의 후예들 역시 바깥 세상이 어떤 곳이고 어떤 변화를 일으키며 어찌 발전해가는지는 전혀 관심을 두지 않고 오직 자신들이 속해 있는 우물 안 좁은 세상이 전부인양 믿고 살아가는 한계를 보이기도 한다.

자신의 것을 나누고 싶어 하지 않는 인색함

오이디푸스가 자신이 알지 못하고 저지른 죄를 깨닫고 스스로 눈을 찌른 뒤 더 큰 세상에 눈을 뜨는 건 5유형에게 시사하는 바가 크다고 할 수 있다. 원래 오이디푸스 유형이 자기만의 세상에 틀어박혀 지적 탐구를 시작한 이유는 불안 때문이었다. 이 세상은 불안한 곳이니까 가능한 많은 것을 알아서 그중 가장 안전한 길을 모색하는 것. 그것이 오이디푸스 유형이 세상을 살아가는 생존전략이다. 그런데 그렇게 자신만의 협소한 세계에 틀어박혀 있으면 점차 현실과 멀어진다. 눈을 뜨고 있으되 눈 뜬 장님처럼 되는 것이다.

많은 오이디푸스의 유형은 자신들이 스스로를 좁은 세계에 가둔 것을 인식하지 못하거나 인정하지 않고 현실에서 놓치는 것들만 신경 쓰며 더 큰 불안에 빠진다. 그러면 지금까지보다 더욱더 자신이 아는 것에만 집착하며 점점 더 자신의 좁은 세계로 움츠러드는 악순환에 빠진다. 그리하여 결국 현대 오이디푸스의 후예들 중에는 자신이 아는 작은 세상을 행여 세상과 나누면 스스로에겐 아무것도 남지 않을까 불안하여 우물 안에 꼭꼭 숨어서 자신이 아는 것을 진리인양 부여잡고 세상과 절대 공유하려 들지 않는 인색함에 빠지는 경우도 있다. 그런 의미에서 오이디푸스가 신화 속에서 자신의 눈을 찌르고 장님이 되어 비로소 더 큰 세상에 눈을 뜨는 것은 오이디푸스 유형의 편협한 세상에 대해 경종을 울리고 일깨움을 주는 가장 의미 깊은 상징이라 할 수 있다.

너무 협소한 관계망

오이디푸스가 자신이 아버지를 죽인 범인임을 깨닫고 눈을 찌른 뒤 홀로 고행길을 나서는데 주변 사람들은 물론 아들들도 외면한다. 오직 큰딸인 안티고네만이 따라 나설 뿐이다(안티고네도 그녀 자신이 정의의 화신이 아니었다면 따라 나서지 않았을지도 모르겠다). 이 또한 오이디푸스 유형이 어떻게 관계 맺는지를 상징적으로 잘 보여주고 있다. 그렇다고 오이디푸스 유형이 유독 부모, 자식간의 관계가 소원하다는 것은 절대 아니다. 다만 이들은 다수의 사람들과 폭넓은 관계를 맺기보다는 소수의, 자신을 잘 이해해주는 몇 사람들과 깊은 관계를 맺는 성향을 나타내고 있다.

이처럼 오이디푸스의 후예들 중에서도 자신의 세계에만 갇혀서 자칫 주변 사람들과 일상적인 대화에 관심을 보이지 않거나 관심은 있어도 어떻게 접근하고 풀어야 할지 어색해하는 경우가 있다. 그런가 하면 왕비가 결국 신탁이 이루어진 것을 알고 스스로 목숨을 끊기까지 오이디푸스는 왕비를 위로하지 못한다. 즉 오이디푸스 유형의 경우 자신의 기쁨이나 슬픔은 물론이고 타인의 다양한 감정 변화에 쉽게 공감하지 못하는 경향이 있다(경우에 따라서 감정에 흔들리는 것은 거추장스럽거나 심지어 위험한 일이라고까지도 여긴다). 그런 만큼 오이디푸스의 후예들이 여러 다양한 사람들과 친밀한 관계를 맺는 것은 결코 쉬운 일이 아니다. 자신들이 원해서 관계가 소수로 좁혀지기도 하지만 타인들 역시 오이디푸스 유형과 쉽게 관계 맺기가 어려운 점도 관계가 협소해지는 이유이다.

에니어그램으로 본 오이디푸스 유형의 성장 포인트
내가 오이디푸스의 후예라면

우물 밖으로 한걸음 나오기

오이디푸스의 후예들이 어떻게 해야 자신들의 좁은 세계에서 빠져 나와 세상에서 자신들이 지닌 지적 능력을 마음껏 발휘하며 살아갈까? 그 첫 번째 힌트는 오이디푸스의 떠남에 있다. 오이디푸스는 자신에게 문제가 생길 때마다 홀로 고행길에 오르는데 여기엔 긍정적인 면과 부정적인 면, 두 가지 의미가 담겨있다. 만약 오이디푸스의 후예들이 어떤 문제와 부딪혀 세상과 더 멀어져 자신만의 동굴로 더 깊이 숨어드는 떠남이라면 이는 문제를 더 악화시킨다. 반대로 지금까지 익숙했던 세계에서 벗어나 새로운 세계에 발을 내디디고 시도해본다면 이는 상당히 긍정적인 변화를 가져올 수 있다.

그러므로 굳이 문제가 발생하지 않았다 하더라도 일단 우물 밖으로 한걸음 나와 보도록 하자. 그렇다고 뭐 거창한 새로운 일을 시작하거나 완전히 새로운 분야로 뛰어들 필요까지도 없다. 그저 지금까지 내가 하지 않던 취미 하나를 시도해본다고 생각하면 좋겠다. 어쩌면 새로운 취미 활동에서 내 전문 분야에 도움이 되는 번쩍이는 무언가를 얻을지도 모를 일이다. 아주 작은 일이라도 좋으니 일단 한 가지 새로운 것을 시작해보자. 사소한 시도가 날 어디로 끌고 갈지는 아무도 모를 일이니 말이다.

세상 전체를 탐구 대상으로 대하기

오이디푸스 유형인 호메로스가 방대한 사건과 사람들을 접하며 고전 중의 고전

인 〈일리아드〉와 〈오디세이아〉를 남긴 것은 오이디푸스의 후예들에게 시사하는 바가 크다고 할 수 있다. 두 책에는 우리가 익히 아는 영웅들의 이야기도 많지만, 반면 그 시대를 살았던 일반인들의 소소한 이야기도 많다. 한마디로 오이디푸스 유형인 호메로스가 자신의 우물 안을 박차고 나와 큰 세상을 관찰하며 특유의 치밀함으로 어느 한 장면, 어느 한 사람을 소홀히 다루지 않고 꼼꼼하게 기록한 기록물과도 같다.

이렇듯 오이디푸스의 후예들 또한 내가 살아가는 동시대 사람들과 세상을 하나의 거대한 지식 창고로 대해도 좋을 것 같다. 즉 내가 지적으로 아는 세계만이 전부가 아니라 이 세상 전체를 탐구의 대상으로 삼는 것이다. 만약 그런 시각으로 세상을 본다면, 비로소 자신이 알고 있는 세계가 거대한 세계의 일부라는 것이 보이기 시작할 것이다. 그럼 이전보다 훨씬 수월하게 우물 밖으로 나와 아직 내가 알지 못하는 거대한 세상을 향해 더 큰 지적 탐구심을 발휘할 수 있게 된다. 그리하여 현실의 일상 세계에 조금 더 발을 들여놓으면 다양한 사람들과의 접촉도 늘어나면서 특유의 지적 호기심이 발동하기 시작한다. 그럼 지적 욕구를 채우기 위해 사람들에게 이런저런 질문을 던지며 비로소 보다 많은 사람들과 교류를 나눌 수 있게 된다. 오이디푸스의 후예들이 스핑크스가 아닌 호메로스적인 삶으로 방향을 전환하는 순간이다.

현실적인 일 추진해보기

우물 밖 세상을 탐구할 준비가 되었다면 이제 현실에서 주도적으로 추진할 한 가지 일을 정해보자. 에니어그램에서 오이디푸스 유형의 성장 포인트는 거침없이 현실 세계를 뛰어다니는 추진력의 대장, 헤라클레스이다. 즉 사고 내향형인 오이디푸스 유형에게 가상 중요한 성상 포인트는 무엇보다 머리 속 생각을 현실과 연결하는 일이다.

사실 오이디푸스 유형은 머리 속으로는 우주를 정복하기도 하고 바다 속을 샅샅이 탐험하기도 하고 심지어 죽음 뒤 너머 진리의 세계까지도 다 헤집고 다니는 사람들이다. 이렇듯 머리 속에는 세상 모든 것들에 대해 알고자 하며, 많은 부분을 알고 있기도 하지만 정작 문제는 현실 세계와 어떻게 연결할지 그 고리를 찾지 못한다는 점이다. 그런 의미에서 에니어그램에서 오이디푸스 유형의 성장 포인트가 현실에서 가장 강력한 추진력을 지닌 헤라클레스인 것은 참으로 시사하는 바가 크다고 할 수 있다.

그렇다고 오이디푸스의 후예들이 헤라클레스처럼 괴력을 쓰며 악당을 물리쳐야 한다는 것은 절대 아니다. 그보단 늘 세상과 동떨어져 나 홀로 탐구하는 것을 멈추고 가장 관심 가는 한 가지 일을 실질적으로 추진해보자. 작더라도 나만의 철인정치를 펼칠 수 있는 일상의 테베를 구축하는 거다. 그렇게 오이디푸스의 후예들이 일상에서 추진력을 발휘하며 서서히 사람들과 교류의 폭을 넓히면 작더라도 현실적인 결과물을 만들기 시작할 수 있다. 그렇게 작은 결과물들이 쌓이면, 오이디푸스의 후예들은 헤라클레스가 갔던 같은 길은 아닐지라도 헤라클레스의 후예들은 할 수 없는 분야에서 자신만의 세계를 구축할 수 있게 된다. 비로소 추진력을 지닌 따스한 지성인으로 다시 태어나는 순간이다. 대개 사람들에겐 보이지 않는 의미 깊은 삶을 향하여….

오이디푸스 유형을 위한 성장 TIP!

> ## 헤라클레스의 추진력

트로이의 명장
헥토르는
왜 성벽을 돌며
도망쳤을까?

책임감과 비겁함을 오가는 헥토르

책임감과 비겁함을 오가는
헥토르

헥토르의 자기고백

❝ 제 소개를 하라 하시니 짧게 한 말씀 드리겠습니다. 저는 트로이 전쟁 때 그리스 측의 최고 용장, 아킬레우스님의 손에 죽은 트로이 왕자, 헥토르입니다. 아킬레우스님은 워낙 유명하니까 여러분도 잘 아실 거라 생각됩니다. 제가 그 분과 마지막 승부를 펼치고, 그 분 손에 숨을 거두게 된 것은 어찌 보면 저희 가문의 영광이라고도 할 수 있을 것 같습니다. 사실 지금 생각해도 제가 어찌 그 분과 일대일 대결을 펼쳤는지 모르겠습니다. 멀리서만 봐도 그 빛나는 모습이 어찌나 눈부시던지요.

호메로스님께 제가 성 주위를 세 바퀴나 돌면서 도망친 이야기는 트로이 전쟁 사에서 좀 빼달라고 부탁했는데 팩트를 중요시하는 그 분이 곧이곧대로 쓰셨더군요. 그때 제가 뭐 좀 생각하느라 그런 거지 절대 아킬레우스님이 두렵거나 겁이 나서는 아니었습니다. 그래도 역사에 길이 남는 작가님 작품에 제가 등장한다는 것만도 감사한 일인 것 같습니다. 그 장면 빼고는 저를 많이 좋게 써주셨다고 들었습니다. 감사한 일입니다.

그리고 저희 아버님은 트로이를 다스리시는 프 자, 리 자, 아 자, 모 자, 스 자, 프.리.아.모.스 왕입니다. 워낙 인품이 고매하고 자애로우셔서 백성들의 칭송이 자자했습니다. 모든 이들의 존경을 한 몸에 받으셨으니까요. 어머님 또한 동방은 물론 그리스까지 그 인자함이 자자하신 분이고요. 그런 두 분 밑에 태어난 걸 감사히 생각합니다.

사실 전 헬레네를 꼭 거두고 굳이 그리스와 전쟁을 해야 했는지 판단이 서질 않았습니다. 그런데 아버님께서 그리 해야 한다 하시니 그게 맞다 생각하고 따랐습니다. 아버님께선 절대 그른 길로 인도하지 않는 분이시니까요. 그런 아버님께서 다스리던 나라를 장남인 제가 지키지 못한 것은 죽음으로도 용서받지 못할 불효 중의 불효입니다. 게다가 아버님에 앞서 죽기까지 했으니. 나중에 아버님 돌아가신 뒤 저승에서 어찌 얼굴을 뵐지 지금부터 마음이 쪼그라드는 것 같습니다. 참으로 면목없고 다시 죽고 싶은 심정뿐입니다.

다음으로 제 아내는 미시아 왕의 딸인 안드로마케입니다. 장인 어른께서 워낙 좋은 분이라 그런지 아내 역시 세상에 둘도 없이 정숙하고 아름답고 현명하기까지 한 여인입니다. 제겐 과분한 여자죠. 그런 그녀가 아킬레우스님과 마지막 전투 전에 싸우지 말라며 자기랑 아들 생각은 하지 않냐고 했던 말이 지금도 귀에 맴돕니다. 그때 그 말을 들었어야 하는 건지… 그럼 아버님께서 노여워하실 텐데 그건 안 될 일이고… 이럴 땐 누구 의견을 따라야 하는 건지 모르겠습니다. 여러분들은 어찌하시는지 알려주시면 다음엔 참고하겠습니다. 아무튼 아내 덕분에 하나 있는 아들이 참으로 잘 자라고 있습니다. 제 엄마를 닮아 그런지 아직 어린데도 착하고 의젓합니다. 아무쪼록 트로이 제일의 장수로 자라 이 아비의 자랑이 되길 바랄 뿐입니다.

끝으로 제 동생 파리스를 소개드리고 제 소개를 마칠까 합니다. 동생이 어릴 때부터 외모가 워낙 출중하더니 결국 그 외모로 일을 벌이고 말았습니다. 얼마나 잘생겼으면 올림푸스 여신들이 가장 아름다운 여신 고르기를 그 녀석에게 맡겼겠습니까. 아무튼 동생의 외모는 집안의 자랑거리이기도 합니다. 덕분에 그리스 최고 미녀가 제수씨가 되었으니까요. 한편 생각하면 그리스 측, 특히 아내를 빼앗긴 메넬라오스 왕에게는 송구한 일이죠. 그런데 또 둘이 좋다고 하니 말릴 수도 없고 참으로 난감하였습니다. 여러분들 같으면 이럴 때 어떤 결정을 내리실 지 들려주시면 좋겠습니다. 그럼 다음부턴 참조하도록 하겠습니다. 제 소개를 하라고 하셨는데, 이 정도면 될까요…? 혹 나중에라도 아버님이나 아내 혹은 그 밖의 가족 이야기가 떠오르면 좀 더 보충하도록 하겠습니다. 오늘 제 말씀을 들어주셔서 감사합니다.

공동체 수호 뒤에 숨은 의존적 삶

트로이의 왕자 파리스가 자신의 수려한 외모를 앞세워 인간 세상에서 가장 아름답다고 하는 그리스의 왕비, 헬레네를 꼬셔 트로이로 데려온다. 그러자 이에 격분한 헬레네의 남편인 메넬라오스와 그의 형인 아가멤논이 그리스 연합군을 일으켜 트로이로 쳐들어오며 고대 역사상 가장 유명한 트로이 전쟁이 시작되었다.

그리스 측의 주연은 단연코 트로이 전쟁의 최고 영웅, 아킬레우스였다. 아킬레우스가 나서면 그리스가 이기고, 그가 물러서면 트로이가 이길 정도였다. 반면 트로이 측 최고 장수는 파리스의 형이자 트로이 왕의 장남인 헥토르였다. 헥토르가 출전하는 지역의 전투는 반드시 트로이 군이 이겼다. 승패는 결국 언제 둘이 맞붙느냐로 판가름 날 것 같았다. 그러나 헥토르는 아킬레우스와 정면으로 부딪히면 퇴각하여 성 안으로 군대를 물리며 가능한 정면 대결은 피하는 중이었다.

헥토르는 이미 노쇠한 트로이 왕, 프리아모스를 대신해 트로이를 이끌고 있는 실질적 왕이나 다름없었다. 그런 만큼 그는 정세가 트로이에 불리하다는 것을 처음부터 알고 있었다. 그래서 가능한 전쟁은 피하고 싶어했으나 도움을 요청한 헬레네를 돌려보내선 안 된다는 아버지의 완강한 뜻을 거역할 수 없었다. 어쩔 수 없이 행하는 전쟁인 만큼, 어떡하든 휴전을 원했다.

그러던 어느 날, 프리아모스 왕의 막내 왕자이자 헥토르의 막내 동생이 그리스 군에 생포되었다. 그리스 군 최고의 달변가이자 지략가로 헥토르만큼이나 전쟁을 원치 않던 오디세우스가 인질을 앞세우고 그리스의 사신으로 와 헬레네와 맞교환을 원했다. 그러자 기다렸다는 듯이 헥토르가 헬레네에 버금가는 미녀와 엄청난 재물을 주어 그리스 군을 돌려보내자고 중재를 하며 트로이 원로들을 설득하였다.

그러나 그리스 군이 쳐들어온 이상 그럴 수 없다고 원로들은 막무가내였다. 그들 또한 그 나름 이유가 있었던 것이, 겉으로는 한 여인들 두고 벌어진 남자들의 기 싸움 같은 트로이 전쟁이지만, 모든 전쟁이 그러하듯 그것은 구실에 불과했다. 정작 트로이 전쟁은 황금을 찾아 동방으로 진출하려는 그리스의 해양 세력과 지리적으로 동방의 끄트머리에서 그 세력과 가장 먼저 만난 트로이의 격돌이었다. 결국 서로 생존을 두고 한 치의 양보도 할 수 없는 불꽃 튀는 대결이었다. 그런 전쟁에서 유일하게 그리스 측에서는 오디세우스와 트로이 측에서는 헥토르가 단 한 차례 협상을 시도하였으나 양측의 힘 대결을 원하는 자들에 의해 협상은 결렬되었다. 트로이의 막내 왕자는 벌거 벗겨진 채 트로이 군이 보는 앞에서 돌에 맞아 죽었고 전쟁은 다시 시작되었다.

한편 그리스 내부에서 아킬레우스와 총사령관인 아가멤논 사이에 불화가 생겨 아킬레우스가 전투에서 빠지면서 전세는 급격히 트로이 측에 유리하게 흘렀다. 하늘이 내린 기회를 틈타 헥토르가 미친 듯이 전장을 누비며 트로이 땅을 유린하고 있는 그리스 군을 몰아내고자 온 힘을 다하였나. 그러나 자신은 아직 죽을 운명이 아니라는 예언자의 말을 믿고, 그리스 측에 최고 장수끼리 일대일 결투를 통해 전쟁을 종결 짓자고 제안하였다. 아킬레우스가 빠진 그리스 측에서는 참으로 난감하였다. 제안을 거절하는 건 참을 수 없는 불명예이자 군사들 사기상 있을 수 없는 일이었다. 그렇다고 아킬레우스가 빠진 상태에서 십 년 전쟁의 결말이 달린 헥토르와의 결투에 누구를 내보내야 승리할 수 있을지 확신이 서지 않았다.

그 순간, 실력은 헥토르보다 한참 뒤지면서 그저 아내인 헬레네를 되찾겠다 이성을 잃고 날뛰는 메넬라오스가 앞으로 나서자 그리스 진영이 술렁거렸다. 결국 그런 말도 안 되는 일을 묵과할 수 없었던 우직한 사내, 대 아이아스가 자칫 목숨을 잃을지도 모르는 일을 떠맡았다. 그는 아킬레우스도 인정하는 사내 중의 사내이자 실력면에서도 그리스 내에서는 아킬레우스 다음가는 장수였다.

마침내 십 년 전쟁을 결판 지을 운명의 날이 다가왔다. 양 측 군사들이 삥 돌아앉아 서로의 장군을 목이 터져라 응원하는 가운데 화려한 갑옷과 보기에도 무서운 무기를 든 헥토르와 대 아이아스가 서로를 노려보며 마주하였다. 그러나 두 사람의 실력은 눈빛만큼이나 팽팽하였다. 이글거리는 태양 아래 몇 번을 창과 칼이 부딪혔지만 서로에게 부상만 입힐 뿐 좀처럼 승부가 나지 않았다.

두 장수는 결코 꼼수를 부리지 않는 정직한 사내들이었다. 각자 조국의 명예를 양 어깨에 걸머지고 한 치의 양보도 없이 피와 땀과 먼지로 뒤범벅이 되도록 싸웠지만 정공법만 쓰는 비슷한 실력의 싸움은 끝이 날 줄 몰랐다. 결국 긴장하여 지켜보던 태양도 기운이 빠져 어슴푸레 노을이 들기 시작하자 지켜보던 양 측 군사들이 자칫 둘 다 죽을까 결투를 말렸다. 우직한 두 장수는 적이지만 서로의 사내다움과 실력을 인정하며 갑옷과 무기를 교환하고 각자 진영으로 돌아갔다. 명예를 아는 사내들이었다.

그러나 양측 모두 그들과 같지는 않았다. 다음날 아침 전쟁은 다시 그 야수성을 드러냈고 무자비한 살육이 이어졌다. 정세는 여전히 그리스 측에 불리하게 이어지며 이대로 가면 얼마 못 가 그리스 측이 결국 항복하고 아무 이득 없는 십 년 세월을 종결지어야 할 것 같았다. 보다 못한 아킬레우스의 친구, 파트로클로스가 아킬레우스의 갑옷을 빌려 입고 그를 가장하여 전투에 나섰다. 그러나 장수의 능력은 갑옷이 아닌 실력에 있는 법, 그 정도를 구분 못할 헥토르가 아니었다. 멀리서 봐도 그가 진짜 아킬레우스가 아니라는 사실을 단박에 알아차린 헥토르가 질풍처럼 달려가 그를 참살시켜버렸다.

그러자 친구를 잃은 아킬레우스가 복수를 위하여 총사령관과의 불화를 씻고 전투장으로 복귀하였다. 다시 한번 전세가 출렁이며 헥토르와 트로이의 운명이 기울기 시작하였다. 다시금 그리스 군은 공격하고 트로이는 생존을 위한 수성으로 돌아갔다. 이미 노년에 접어든 트로이의 왕은 그리스 군이 고향을 떠난 지 벌써 10년째로 접어드니까 조금만 더 전쟁을 끌면 그들이 더는 버티지 못할 거라 생각하였다. 헥토르에게 이르기를 전쟁을 최대한 끌되 이미 다른 아들들이 많이 죽었으니 장남인 너만큼은 절대 살아남아야 한다고 신신당부하였다. 어머니 또한 많은 아들을 잃은 자신을 불쌍히 여겨서라도 무서운 아킬레우스와는 성 밖에서 대적하지 말라 사정하였다. 심지어 아내인 안드로마케는 몸소 전선으로 뛰어나가는 남편을 향해 눈물로 호소하였다.

"당신은 참 무서운 분이에요. 트로이 백성들은 그토록 염려하면서도 당신 아들과 저에겐 자비롭지 않으시니 말이에요. 당신은 아버지와 오빠들이 전부 죽은 제게 아버지이자, 오라버니이자 남편이에요. 당신이 죽으면 저와 이 아이는 누굴 의지하고 살아야 하나요? 그러니 제발 우리를 불쌍히 여겨 전투장으로 가시지 말고 성 안에서 지휘를 하세요. 제발 부탁이에요. 결국 우리는 성만 빼앗기지 않으면 되는 거잖아요."

"여보, 나도 그 점을 걱정한다오. 내가 죽으면 결국 트로이는 그리스에 망하고 말 것이고 그럼 당신은 그리스 군의 노예로 끌려갈 테니 말이오. 그런 모습을 보느니 차라리 죽는 게 낫소. 하지만 내가 뒤로 물러서 있으면 온 트로이 남자들과 여자들은 물론이고 어린아이들까지 날 비겁하다 손가락질 할 텐데 내 어찌 감당할 수 있겠소. 그러고도 내가 어떻게 트로이 총사령관이라고 백성들 앞에 얼굴을 들고 나설 수 있겠냐 말이오. 게다가 그건 지금까지 백성들의 존경을 한 몸에 받으며 이 나라를 통치해온 아버님 얼굴에도 심하게 먹칠을 하는 일, 그 또한 죽는 것만 못한 일 아니겠소. "

　말을 마친 헥토르는 투구를 쓴 자신의 모습에 놀라 우는 아들을 향해 투구를 벗고 자상히 웃으며 안고서 자신보다 더 훌륭한 장수가 되기를 신에게 기원하였다. 그리고 부모님의 당부도 아내의 애절함도 뒤로 한 채 트로이 사람들이 손가락질 하

는 장수는 되지 않고자 다시 전투 현장으로 달려갔다. 정작 본인은 전쟁을 원치 않았으되 아버님의 뜻을 거스를 수 없어 응하게 된 전쟁이었지만, 일단 전쟁이 벌어진 이상 최선을 다해 트로이 백성들과 명예를 지키기 위해 애쓰는 헥토르. 그의 책임감과 충성심은 아내의 눈물로도 막을 수 없었다.

그렇게 트로이의 명예를 지키기 위해 다시 전장에 뛰어든 헥토르 앞에 친구의 죽음으로 두 눈에 핏발이 선 아킬레우스가 기다리고 있었다. 이제 아킬레우스는 눈에서 거의 불이 일며 전쟁의 신처럼 전투장을 휘젓고 다니니 이건 마치 신과 인간의 대결 같았다. 질풍처럼 밀어붙이는 아킬레우스를 감당하지 못하고 사정없이 밀리며 퇴각하던 헥토르는 문득 부하들은 모두 성 안으로 돌아가고 홀로 성 밖에 남겨진 것을 깨달았다. 전투 맨 앞에서 달리다 자신도 모르게 가장 뒤편에 남겨진 것이다. 이 역시 보통의 장수들은 퇴각할 때는 가장 빨리 뒤로 빠지는 것에 비해 부하를 아끼고 명예를 중시하는 헥토르이기에 벌어진 일이었다.

저 앞에선 사신처럼 침착히 아킬레우스가 부하들을 뒤로 하고 홀로 고요히 바람을 가르며 달려오고 있었다. 뒤로는 성벽 안에서 부모님과 가족은 들어오라 절규하고 있었지만 그 소리는 아킬레우스와 한판 시원하게 붙어 이겨주기 바라는 트로이 백성들의 함성에 묻혀버렸다. 순간 헥토르의 머리 속이 하얘지면서 세상이 멈춘 듯 아무 소리도 들리지 않았다.

'나를 향해 달려오는 저 사내가 너무도 거대하다. 두렵다……'

순간 죽음의 공포가 느껴지며 자신노 모르세 몸이 떨려오기 시작했다. 드디어 눈앞에 다가온 아킬레우스가 창을 겨누며 달려 들자 순간 자신도 모르게 본능적으로 도망쳤다. 감히 마주할 수도 없고, 차마 성 안으로 들어갈 수도 없는 자의 선택이었다. 미친 듯이 쫓아오는 아킬레우스를 피해 성 주변을 돌고 또 돌았다. 뛰는 몸보다 더 분주히 수많은 생각들이 머리 속을 오갔다.

'아… 내가 왜 진작 퇴각하지 못했을까? 조금만 더 빨리 성 안으로 들어갔어야 하는데. 아니야. 그랬으면 트로이 백성들이 날 비겁한 놈이라 손가락질 했겠지. 그럴 바엔 그래도 아킬레우스와 붙어 싸우는 게 낫지. 아니야. 차라리 무기와 갑옷을 다 벗고 아킬레우스에게 전쟁을 멈추자고 하면 어떨까? 트로이의 반을 떼어주겠다고 사정하면 들어주려나? 아니야. 그럼 아킬레우스는 맨몸이 된 날 사정없이 베어버리겠지. 아… 참으로 고통스럽군. 어찌하여 지금 이런 생각들이 떠오르는 건지 말이야… 아무리 그래도 아킬레우스는 내 말을 들어주지 않을 터, 어떻게든 용기 내어 마주해보자. 그래야 해. 트로이의 왕이신 아버지를 위해서도, 전 트로이 백성의 명예를 위해서도. 반드시 용기를 내서 죽더라도 명예롭게 죽어야 해. 운명은 신들께 맡기고서 말이야.'

성 주변을 세 바퀴나 돌며 도망치던 헥토르가 드디어 독백을 멈추고 그 자리에 멈춰 섰다. 그리고 결연히 뒤돌아 자신을 향해 다가오는 사신과도 같은 아킬레우스를 마주 보았다. 자신의 가장 큰 공포와 비로소 정면 대결하는 순간이었다. 그러나 아킬레우스의 친구인 파트로클로스를 죽이고 그가 입고 있던 아킬레우스의 갑옷을 빼앗아 입은 헥토르는 대장장이 신이 지어준 갑옷을 입고 더욱 빛나는 아킬레우스와 마주 서니 초라함이 느껴졌다. 트로이 최고의 용사라지만 아킬레우스를 상대하기에는 역부족이었다. 헥토르가 마지막 용기를 내어 아킬레우스에게 한 가지 제안을 하였다.

"이제 더는 너를 피하지 않겠다. 그러니 신들 앞에서 한 가지 서약을 하자. 만약 내가 이긴다면 절대 너의 시신을 함부로 대하지 않을 것이다. 갑옷은 전리품으로 취한다 해도 시신만큼은 훼손하지 않고 그리스 편에 돌려보내어 합당한 장례를 치를 수 있게 해줄 것이다. 그러니 너 또한 그리 하겠다 신들 앞에서 맹세하여라"

참으로 명예를 아는 자의 마지막 부탁이었다. 그러나 승리를 장담하는 아킬레우스는 신사 중의 신사 헥토르의 정중한 제안에 코웃음을 쳤다. 무릇 모든 결투는 정신력이 반이라고 했던가. 실력도 실력이지만 마음의 용기에서 밀리는 헥토르를 보고 신들도 결국 아킬레우스의 손을 들어 주었다. 사정없이 파고드는 아킬레우스의 칼 끝을 피하지 못하고 죽어가며 헥토르는 마지막으로 다시 한번 아킬레우스에게 사정하였다.

"용사여, 부디 나의 시신만큼은 트로이로 돌려보내 장례를 치르게 해 주시오… 그러면 그대가 원하는 만큼의 황금과 재물을 얻을 수 있을 것이오. 부탁이니 제발 나의 시신을 그리스 개들의 먹이로 던져주는 일만큼은 말아주시오. 부디 내 명예를 지켜주시오. 제발 부탁이오…"

간절한 부탁에도 아킬레우스가 여전히 비웃기만 하자 헥토르는 너 또한 머지않은 장래에 자신의 수호신인 아폴론의 화살에 죽을 것이라는 저주인지 예언인지 알 수 없는 말을 남기고 숨을 거두었다. 결국 그의 시신은 헥토르의 아버지인 프리아모스 왕이 노구를 이끌고 자신의 거의 모든 아들들을 도륙하다시피 한 아킬레우스를 찾아가 무릎을 잡고 울며 호소하여 찾아올 수 있었다. 그리하여 살아 생전 명예를 그토록 중히 여긴 헥토르처럼 트로이 최고 장군다운 예를 갖춘 장례식을 치러주었다.

장례식 날, 부모님과 아내는 물론, 자신 때문에 전쟁이 일어났다고 여기는 헬레네까지 모두 통곡하였다. 살아생전 그토록 전쟁을 원하지 않으면서도 늘 헬레네의 잘못이 아니라 위로하던 헥토르였다. 살아서던 죽어서던 트로이를 지키고자 목숨을 다한 헥토르를 트로이 백성들은 절규하며 떠나 보내지 않으려 했다. 그의 죽음은 곧 트로이의 멸망으로 이어질 것을 다들 알고 있었기 때문이었다.

헥토르는 그리스 신화 전체를 통틀어 가장 신사적이고 명예로운 용사이다. 그런가 하면 부모님의 뜻을 거역하지 않고 아내를 아끼며 아들을 애틋이 대하는 따뜻한 아들이요 남편이자 아비이기도 하다. 헤라클레스나 아가멤논 같이 힘을 앞세워 싸움을 일삼으며 살육을 밥 먹는 막간의 놀이쯤으로 아는 고대 인들이 사는 시대에는 어울리지 않는 문명인이었다. 한마디로 시대를 앞서간 그리스 최고의 훈남이다. 동생 파리스의 사랑놀음이 못 마땅하였고 전쟁은 더더욱 싫었으나 일단 자신에게 주어진 책임은 최선을 다해 목숨 바쳐 지키려 했던 헥토르, 그는 그렇게 자신이 그토록 지키고자 했던 모든 이들이 바라보는 앞에서 마지막 길을 떠났다.

에니어그램으로 본
헥토르 유형 분석

유형 특성

에니어그램으로 볼 때 헥토르는 세상을 불안한 곳으로 보고 안전한 길을 도모하는 사고형이다. 사고형 중 헥토르는 안으로 쓰는 에너지와 밖으로 쓰는 에너지가 팽팽히 맞서는 6유형, 사고 균등형이다. 6유형은 안팎으로 쓰는 사고 에너지가 팽팽히 맞서며 오히려 사고형 특유의 스스로 생각하는 힘이 사라지는 특성을 보인다. 대신 주변 사람들

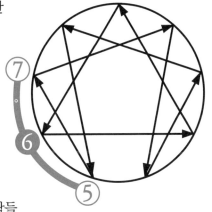

이 무슨 생각을 하는지를 파악하여 대세를 따르는 것이 가장 안전하다고 여긴다. 즉 사고형답게 여전히 생각을 많이 하긴 하지만 스스로 생각하며 사유의 힘을 기르는 것이 아니라 다른 사람들이 무슨 생각하는지를 파악하는 데 많은 생각 에너지를 쏟는 유형이다. 한마디로 헥토르 유형은 자신이 속한 공동체의 대세를 파악하여 거기에 따르는 것이 가장 안전하다고 여기는 유형이다.

헥토르는 그리스와 전쟁을 하는 것이 승산이 없다는 걸 알고 가능한 전쟁을 피하고 싶어 한다. 하지만 전쟁을 강행해야 한다는 아버님 뜻을 거역하지 못한다. 뿐만 아니라 단 한번 휴전의 기회는 원로들의 주장에 따른다. 그러면서 한편 아내의 격

정에 마음이 흔들리고 트로이 백성들의 시선도 신경 쓰인다. 그러다 끝내는 아버지와 원로들이 형성하는 대세에 따라, 트로이 백성들이 자신에게 거는 기대를 저버리지 못하고 아킬레우스와 결투 끝에 죽는다. 이는 헥토르 유형의 자신들이 속한 공동체의 대세를 따라 책임을 다하고 명예를 지키려는 삶의 자세를 잘 보여주고 있다. 게다가 야수성이 날뛰는 전쟁 곳곳에서도 명예로운 전사의 모습을 보여준다. 대 아이아스와는 해질 무렵까지 혈투를 벌인 뒤 무기를 교환하는가 하면 오디세우스가 진영을 방문하여 화친을 도모하자 어떡하든 화해를 하려고도 한다. 심지어 파리스가 유부녀인 헬레네와 사랑의 도피 행각을 벌인 일이 좋지 않다 여기면서도 그마저도 품어준다. 물론 그들을 내치면 안 된다는 아버님의 뜻을 거스를 수 없어서이기도 하지만 그래도 그들을 대하는 태도는 여전히 자상하다. 거기다 끝에는 결국 자신의 목숨을 걸고 트로이 백성의 명예를 지키고자 한다. 한마디로 헥토르 유형은 명예를 존중하고 자신에게 주어진 책임을 다하며 자신이 속한 공동체를 목숨을 걸고라도 지키려는 특성을 지니고 있다.

반면 헥토르 유형은 스스로 생각하고 결단하지 못한다. 아버님 의견에도 따라야 하고 원로들 생각도 받아줘야 한다. 그런가 하면 아내 이야기에도 마음이 흔들리고 트로이 백성들의 시선도 염려된다. 한마디로 신경 쓰이는 사람들이 너무 많아 누구 의견을 따라야 할지 갈팡질팡하다 결국 대세를 따른다. 그게 가장 안전하다 여기기 때문이다.

현대 헥토르의 후예들도 대세를 따르면 최소한 중간은 간다고 여기며 자신이 속한 공동체의 대세를 파악하기 위해 오늘도 이 사람, 저 사람 생각을 알아내기 위해 많은 생각을 하고 있을 가능성이 높다. 그러다 결국 아킬레우스와 마지막 대결에서 이러지도 저러지도 못하고 성 주위를 세 바퀴나 도는 모습은 헥토르 유형의 우유부단함을 극적으로 보여주고 있다.

게다가 도망치면서까지 심지어 아킬레우스에게 사정을 해볼까 하는 생각을 하는 건 헥토르 유형의 자기생각과 결단력 없이 늘 타인에게 의존하려는 성향을 잘 보여주고 있다. 한마디로 헥토르 유형은 과한 사회적 시선과 책임에 묶여 자기 생각과 결단력 없이 대세를 따르며 안전을 도모하려는 특성을 지니고 있다.

긍정적 측면

공동체를 수호하려는 책임감

헥토르는 비록 자신이 원하는 일이 아니었음에도 일단 전쟁이 시작되자 최선을 다해 공동체를 수호하고 명예롭게 죽어간다. 이는 헥토르 유형의 최대 장점으로 이들은 개인의 이익보다는 자신이 속한 공동체의 이익, 한걸음 더 나아가선 공동체의 존속을 매우 중요시 여긴다. 헥토르 유형은 일단 한번 맡으면 목숨을 걸고라도 지켜야 하는 과도한 책임감을 느끼기 때문에, 현대 헥토르의 후예들 중에는 반대로 가능한 책임질 일을 떠맡지 않으려 하기도 한다. 그러나 일단 자신들이 맡은 일은 끝까지 최선을 다한다.

심지어 파리스가 유부녀인 헬레네를 꼬셔 트로이로 데려오자 못마땅히 여기며 동생을 나무라기도 한다. 하지만 일단 아버지가 헬레네를 받아주자 그때부턴 그 또한 그녀를 공동체의 일원으로 받아들이고 이후부턴 어떤 일이 있어도 그녀 또한 지키려 한다. 가히 헥토르 유형이 지닌 최대 장점으로서 이들은 조직이 필요로 할 때 자신의 존재를 부각시키거나 드러내지 않고 특유의 묵묵한 책임감으로 조직원들을 하나로 이끌어내기도 한다. 흔히 말하는 서번트 리더십이 가능한 유형으로서 헥토르의 후예들 또한 과한 개인주의의 발달로 사람들 사이의 소속감이 붕괴되는 오늘날 공동체의 가치를 이어갈 수 있는 소중한 일들을 벌이고 있을 가능성이 높다.

공자도 인정할 모범생

헥토르는 야수들이 날뛰는 전쟁터에서도 겸손하고 반듯하다. 가능하면 휴전을 모색하며 어떻게든 상대와 대화를 통해 (비록 트로이의 재물과 최고 미녀를 내어주더라도) 일을 해결하려 한다. 참으로 자신의 가정과 조직도 지키되, 상대방의 체면과 입장도 헤아리고자 한다. 게다가 늘 뒤에서 전투를 지시하되 전리품은 가장 먼저 챙기는 그리스 총 사령관 아가멤논과는 달리 자신 또한 트로이의 총사령관임에도 매 전투마다 가장 먼저 달려나가고 가장 늦게 퇴각한다. 참으로 단순한 성실함을 넘어 모범생 중의 모범생이 아닐 수 없다. 게다가 위로는 아버지의 뜻에서부터 밑으로는 백성들의 마음까지 다 받들어 존중한다. 심지어 자신과 비슷한 성향의 우직한 사내, 대 아이아스와 일대일 결투가 승부가 나지 않아 중단할 때는 서로 선물까지 교환하며 우정을 맺기도 하니 가히 공자의 화신이 아닐까 싶을 정도다.

그런 만큼 현대 헥토르의 후예들은 제복의 군단이란 말이 어울리는 사람들로서 사회적 규율이나 규칙을 지키며 질서를 어지럽히지 않고 반듯하게 살아가는 것을 선호하는 유형들이다. 어쩌면 우리는 야수의 본능을 지닌 인간들이 이정도 사회 질서를 유지하며 살아가는 것도 헥토르의 후예들 덕분이라 여겨야 할지도 모르겠다. 그 정도로 헥토르 유형은 가정적으로나 사회적으로, 일단 자신이 맡은 일에 있어서는 어지간해선 커다란 일탈 없이 맡은 바 책임과 의무를 성실히 다하는 유형이다.

정보와 관계의 교차로

헥토르는 가족과 트로이 사람들은 물론이고 심지어 적군인 그리스 군들에게도 예를 다해 대한다. 거기다 대 아이아스하고는 결투 후 우정을 다지며 관계를 도모한다. 흔히들 감성형이 풍부한 감성을 살려 사람들과 좋은 관계를 맺을 것이라 생각하는데 꼭 그렇지만은 않다. 감성형은 자신들이 좋아하고 싫어하는 사람들에 대한 선호도가 뚜렷하고 감정 기복이 심해 오히려 인간 관계에 문제가 많을 수 있다.

그에 비해 오히려 사고형인 헥토르 유형은 상대적으로 폭넓은 인간 관계를 형성하고 있다. 인간 관계에 그다지 감정을 대입시키지 않고 대개 사람들과 적당히 거리를 두고 가능한 많은 사람들과 관계를 유지하기 때문이다.

유사한 맥락으로 헥토르 유형은 정보 또한 가능한 많이 수집한다. 자신이 속한 전문 분야는 물론이고 심지어 신변잡기적인 정보도 수집한다. 폭넓은 인간관계나 정보 수집 모두 언제, 어느 때 무슨 일이 닥칠지 모르는 유사시를 대비하고자 함이다. 그리하여 현대 헥토르의 후예들은 정보와 관계의 교차로에 서서 언제 어디서나 필요한 정보, 필요한 사람을 활용하고 동원하며 자신의 사회적 위치를 안전하게 지키며 살고 있을 가능성이 높다.

부정적 측면

사회적 시선에 묶인 대세 추종자들

헥토르는 트로이 전쟁을 치르며 가능한 주변 사람 모두의 의견을 듣고 포용하려 애쓴다. 그러나 정작 중요한 자신의 생각은 없다. 헥토르가 아버지의 뜻을 거역하지 못하는 것은 굳이 단점이라고까지 할 수 없을지도 모르겠다. 다만 여기서 중요한 것은 그 자신 실질적인 통치자로 그리스와의 전쟁에서 승산이 없다는 것을 잘 알고도 복종하는 것이 문제다. 거기다 협상의 기회는 원로들을 설득하지 못하고 오히려 원로들에게 눌려서 흘려 버린다. 자신이 실질적인 왕이나 마찬가지이면서도 자신의 생각이 없으니 스스로 결단을 내리지 못하기 때문이다. 괜히 나서지 말고 중간만 가면 된다고 생각하는 헥토르 유형의 단점 중 하나이다.

헥토르 유형은 사고형답게 생각은 많다. 그러나 이들은 자신의 생각을 발전시키는 것이 아닌 자신이 속한 공동체 사람들이 무슨 생각을 하는지를 살피는데 많은 시간과 에너지를 소모한다. 즉 사람들 눈치를 살펴 그중 대세를 찾아 따르려 하는 경향이 심하다. 그러므로 현대 헥토르의 후예들 중에도 가정에서건 직장에서건 대세가 정해지면 무조건 따르려는 추종자 성향을 지닌 이들이 많다.

한편 헥토르는 아버지와 원로들의 뜻에 따라 전쟁을 치르면서도 아내의 말에도 흔들리고 트로이 시민들의 시선도 신경 쓰인다. 이는 헥토르 유형이 유독 사회적 시선에 민감한 모습을 잘 보여주고 있다. 사고형들은 인생에서 안전한 길을 추구하다 보니 대개 사회적 시선에 민감한데 그중에서도 다른 사람들의 생각을 파악해서 안전함을 추구하는 헥토르 유형이 유독 심하다. 이들의 경우, 소소한 일까지도 남들의 시선을 의식하며 사회적으로 자신이 어느 정도인지 매사 타인과 비교하기도 한다.

한마디로 헥토르 유형은 사회적 시선을 끝없이 의식하며 타인과 자신을 비교하거나 남들도 사회적 잣대로 바라보는 경향이 심하다. 그러면서 행여라도 사회적으로 받아들여지지 않으면 어쩔까 두려운 마음에 자신이 속한 공동체의 대세를 파악하여 거기에 따르며 일신의 안전을 도모하는 유형이다. 그런가 하면 대세를 따르면서도 끝없이 이런저런 잔가지적 의견에 흔들리기도 한다.

의존성에서 양면성까지

헥토르는 최후의 순간까지 흔들리며 백성의 눈이 무서워 성 안으로 퇴각하지도 못하고, 아킬레우스가 두려워 정면으로 맞대응도 못한다. 특히 헥토르 본인도 자신이 죽으면 트로이가 멸망할 것임을 누구보다 잘 알고 있다. 그럼에도 사람들의 시선이 무서워 용기 있게 현실 가능한 해결책을 모색하지 못하고 명예 뒤에 숨는다. 누구를 위한 무엇을 위한 명예인지 모른다. 얼핏 겉으로는 명예를 지키는 것 같지만 실은 우유부단한 헥토르 유형의 단점을 잘 보여주는 장면이다. 그러다 결국 도망을 치는데 도망을 치면서도 끝없이 생각하며 심지어 적장인 아킬레우스에게 매

달려볼까 고민한다. 이는 헥토르 유형의 전형적인 강한 자에게 의존하려는 모습이다.

그리스 신화에 또 다른 대표적인 헥토르 유형으로 엄마 품에서만 자라다 어느 날 갑자기 저승의 신, 하데스에게 납치당한 페르세포네가 있다. 농업의 여신이던 어머니가 대지를 돌보는 일을 내팽개치고 딸을 찾아 결국 페르세포네는 일 년의 반은 지상에서 어머니와 일 년의 반은 지하 세계에서 남편인 하데스와 살아가게 된다. 페르세포네는 헥토르 유형의 의존성이 극대화된 모습으로서 자칫 헥토르의 후예들 중에는 대세를 리드하는 강한 자가 둘인 경우 양쪽 모두를 오가며 의존하려는 양면성까지 보이는 경우가 있다(더불어 이런 양면성은 일상의 여러 가지 측면에서 늘 이러지도 못하고 저러지도 못하며 우유부단하게 양쪽 일에 다 관여하는 모습을 보이기도 한다). 자기 생각 없고 결단력 없음이 조금 더 심각하게 단점으로 작용하는 경우라고 할 수 있겠다.

약자에겐 강한 비겁함

헥토르에겐 적장인 아킬레우스에게 매달리려는 것보다 더 큰 비겁함이 숨어 있다. 바로 백성들의 손가락질이 무서워 정작 본인과 처자식을 죽음의 위험에 내몬다는 사실이다. 즉 헥토르의 후예들 중에는 만에 하나를 대비해서 수많은 사람들과 관계를 유지하려 든다(그래서 진정 깊은 관계는 없기도 하다). 그러나 정작 가족들은 자신과 운명공동체로 묶인 사람들이니까 무조건 자기 편 일거라 생각하며 소홀히 대하는 경우도 있다.

사실 헥토르의 후예들 중엔 스스로 원해서 공동체를 수호하려는 것이 아닌 가장 안전한 살 길을 찾아 공동체 내에서 맡은 바 책임과 의무를 다하는 경우가 많다. 이럴 경우 헥토르 유형은 감정은 점점 메마르고 눈치는 늘어 사람들과의 관계도 점점 더 형식적인 관계로 변한다. 즉, 자신이 좋아서 시작한 관계나 공동체가 아닌 경우, 기계적으로 맡은 바 책임과 의무만 다하며 사람들을 형식적으로만 대할 수 있다.

그리고 이럴 때 헥토르 유형은 오직 정해진 규칙과 규율만 준수하는 앞뒤 꽉 막힌 답답함 상태로 빠지기 시작한다.

만약 헥토르의 후예들이 이 상태까지 이르면 자신보다 사회적 약자들을 향해 자신들이 지키는 사회적 규율을 한 치의 오차도 없이 철저히 지키라 강요하며 사감 선생님 같은 역할을 자청한다. 이럴 때 헥토르 유형은 기계처럼 그 어떤 인간미나 융통성 없이 오직 주어진 명령을 이행하며 자신의 상대적 우월감을 확인하려 드는 것이다.

또 다른 헥토르의 유형인 페르세포네는 지상에 돌아와 어머니가 저승에게 뭔가 먹지 않았냐 묻자 혼이 날까 아무것도 먹지 않았다 딱 잡아 뗀다. 그런데 곁에서 듣고 있던 아스칼라포스가 석류를 먹었다 일러 바치자 그를 괘씸히 여겨 하데스의 아내라는 힘을 사용하여 그를 저승으로 끌고가 올빼미로 만들어 바위로 눌러놓는다. 평상시 소녀처럼 순수하고 청순했던 페르세포네가 저지른 일이라고는 믿기 어려울 정도이다.

이처럼 헥토르의 후예들 중에는 간혹 자신들이 원치 않지만 어쩔 수 없이 사회적 서열에 순종할 경우 강자에겐 의존하고, 약자에겐 복종을 강요하는 비겁함을 보이는 경우가 있다. 자신의 생각을 뿌리내리지 못한 헥토르 유형 최고의 단점이라 할 수 있는 부분이다.

에니어그램으로 본 헥토르 유형의 성장 포인트
내가 헥토르의 후예라면

사회적 시선 차단하기

트로이 전쟁 최고의 훈남 헥토르는 어찌해야 진정 명예로운 전사가 될 수 있을까? 일단 주변 사람들한테 사소한 일까지 묻는 것부터 멈추도록 하자. 헥토르 유형의 경우 겸손히 경청하는 수준을 넘어 일상의 소소한 일 하나, 하나를 가능한 많은 사람들의 의견을 듣고 결정하려 할 때도 많다. 주변 사람들 열이면 열 모두 각자 생각이 다르다. 너무 많은 사람들의 생각을 묻다간 오히려 혼란만 초래할 수 있다.

헥토르가 아버지의 말을 따르는 것처럼 어쩔 수 없는 경우라면 최소한 나머지 잔가지들만이라도 과감히 끊어버리도록 하자. 그리고 차분히 앉아 '내 생각'을 정리해보자. 헥토르의 후예들 중 많은 이들은 타인의 생각은 그토록 찾아 다니면서 정작 자신의 생각은 한번도 스스로에게 물어봐 준 적 없는 경우가 많다. 그러나 헥토르의 유형 역시 사고형이다. 즉 스스로 생각하기 시작하면 오디세우스나 오이디푸스 못지 않게 뛰어난 지략과 깊은 생각을 발전시킬 가능성이 풍부하다.

진짜 문제는 (스스로 문제라고 생각하지만 사실상 그다지 큰일도 아닌) 소소한 일들이 발생할 때마다 쪼르륵 달려가 타인의 의견부터 구하고 싶어 하는 흔들리는 마음이다. 이제부턴 차라리 조용히 앉아 스스로에게 묻고 스스로 답해보도록 하자.

다만 헥토르 유형은 에니어그램 9가지 유형 중 가장 사회적 시선에 민감하여 무언가를 결정할 때 이래서 안 되고, 저래서 안 되는 이유가 늘 수십 가지씩 떠오르는 유형이다(그래서 결국 최종적으로 다시 대세를 따른다). 그러므로 자신의 생각을 묻기 시작하면 처음에는 수없이 많은 안 되는 이유, 하지 말아야 할 이유 등 부정적인 생각들이 끝없이 올라올 수 있다. 그런 만큼, 자신의 생각 묻기를 시작하면 의식적으로 안 되는 이유나 하지 말아야 할 부정적인 생각은 나열하지 말도록 하자. 대신 가능한 이유, 할 수 있는 이유 등 긍정적인 이유를 따라 생각을 발전시켜 보자. 그렇게 자꾸 의식적으로 긍정적으로 스스로 묻고 답하는 연습을 하다 보면 분명 점차적으로 타인에게 묻는 것보다 내게 더 적합한, 진짜 내가 원하는 방향이 보이기 시작할 것이다. 헥토르가 없는 헥토르의 인생에서 내가 주인공이 되는 순간이다.

선택과 집중하기

헥토르는 어찌해야 아킬레우스를 이길 수 있을까? 그건 '선택과 집중'에 답이 있다. 현대가 아무리 융합의 시대, 통합의 시대라고 하지만 그건 어디까지나 각자 전문적 필살기를 갖춘 뒤의 일이다. 그런데 헥토르의 후예들 중에는 한 분야에서 전문성을 쌓지 않고 계속 다방면에서 얕은 정보를 흡수하는 정도에 머무는 경우가 많다(사고 외향형인 오디세우스가 '다양한 방면의 경험'을 하고 내향형인 오이디푸스가 '한 분야의 깊은 지식'을 쌓아 가장 안전한 길을 찾으려는 것과 비교하면, 균등형인 헥토르는 '다양한 방면의 정보수집'을 통해 안전한 길을 모색하는 성향이다). 즉, 스페셜리스트라기보다는 제너럴리스트인 경우가 많다.

인맥 관리 또한 비슷하다. 갖고 있는 명함도 많고 핸드폰 연락처 리스트가 끝이 안 보이는데 깊은 관계는 별로 없다. 게다가 사람들을 대할 때도 상대방 한 사람, 한 사람을 중요하게 여기는 것이 아니라 만에 하나 필요할 때를 대비하여 가능한 많은 사람들과 적당한 거리를 두고 관계를 유지하려 든다. 그런 만큼 경조사 챙기기 등 형식적인 일을 쫓아다니느라 매우 분주하지만 감정적인 교류나 깊은 관계는 그다지 없는 경우가 많다. 일명 '영혼 없는 매너'라 불리는 깍듯하지만 형식적인 헥토르 유형의 관계 맺기 방식이다.

이래서는 언제까지고 내 인생의 주인공이 되기 어렵다. 아무리 수많은 정보, 수많은 인맥을 확보하여도 내 인생의 필살기 하나를 뭉치지 못하면 모래알로 집을 짓는 것과 마찬가지이다. 그러므로 그동안 수집한 수많은 정보를 활용하여 가장 끌리는 딱 한 가지를 고르자. 그리고 거기에 모든 시간과 에너지를 집중해 내 인생의 필살기를 만들어보자(헥토르 유형은 모아놓고 활용하지도 않을 수많은 정보와 정말 필요할 때는 전혀 힘이 되어주지 않을 인맥 관리하느라 들이는 시간과 에너지만 줄여도 충분히 자신만의 필살기 하나는 만들고도 남는다). 그럼 저만치 다가오는 아킬레우스를 보고 두려움에 떨며 성벽으로 도망치는 일은 없을 것이다. 더불어 내가 한 분야에 집중해도 여전히 살아남는 인맥은 진정한 관계로 발전할 가능성이 높으니 이제 인생에서 정보와 인맥의 교차로가 아닌 중심이 될 수 있다.

비바람에도 흔들리지 않을 뿌리내리기

헥토르가 최후의 순간 다시 용기를 내어 아킬레우스를 향해 정면으로 뒤돌아 서는 장면은 장엄하고 아름답다. 가히 헥토르 유형의 최고의 성장 포인트라 할 수 있다. 에니어그램에서 스치는 바람결에도 흔들리는 헥토르 유형의 성장 포인트는 하데스의 뚝심이다. 하데스의 뚝심을 내것으로 해야 필살기를 쌓은 뒤에 행여나 또다시 외부의 비바람에 흔들리지 않을 테니 말이다.

그렇다면 어떡해야 내 안에 중심 뿌리를 내릴 수 있을까? 자기 중심이 단단한 롤모델을 찾아 그의 일생을 내 안으로 흡수하기 시작하면 조금씩 내 안에 깊은 정신적 뿌리가 내려지기 시작한다. 단 강자에게 끌려가는 본능상 현존하는 인물은 위험하다. 그런 면에서 헥토르의 후예들은 인문고전을 읽으면 크게 도움을 받을 수 있다. 고전 속 인물들은 시대적 유행이나 일시적 충동을 뛰어넘고 인류 공통의 문화유산을 전달하는 아주 깊고도 깊은 전 인류의 뿌리들이기 때문이다. 다만 이들 중에서도 다양한 방면에 능력을 보인 인물들보단 한 가지 분야에서 온갖 역경에도 불구하고 우직하게 자신의 길을 걸어 우뚝 일어선 인물이 더 적합하다. 그리하여 그 인물이 어찌 어려움을 극복하고 자신의 두 발로 인생을 살아왔는지 책을 읽고 또 읽으며 내 것으로 만들다 보면 나도 모르게 내 일상에 조금씩 접목하고 활용할 힘이 생긴다. 그렇게 헥토르의 후예들이 공동체를 아끼고 수호하려는 책임감 위에 하데스의 뚝심까지 갖추게 되면 이들이 있는 곳은 어디나 자신도 행복하고 우리도 행복한 사회로 거듭날 것이다. 헥토르 유형이야말로 개인주의가 팽배하는 현대사회에서 가장 소중한 사회적 자산이 될 수 있기 때문이다. 명예로운 헥토르처럼, 공동체도 명예롭게.

헥토르 유형을 위한 성장 TIP!

하데스의 뚝심

미의 여신
아프로디테는
왜 볼품없는 대장장이 신과
결혼하였을까?

베풀고 돌려받기를 기대하는 아프로디테

베풀고 돌려받기를 기대하는
아프로디테

아프로디테의 자기고백

❝　　　　여러분~ 안녕하세요. 물거품에서 태어난 천상미녀, 아프로디테입니다. 호호호. 사실 제 입으로 그리 말씀드리기 좀 쑥스럽기는 한데요, 저 때문에 인간들이 트로이 전쟁을 일으키고 신들까지 합세했으니 천상미녀가 맞는 거죠. 호호호. 어머나! 트로이 전쟁이 저 때문이 아니라 헬레네 때문이라고요?! 정말이지 사람들 중에서는 그리 알고 계시는 분들이 많다니까요! 그건 오해에요, 오해! 여러분 절 너무 띄엄띄엄 아시네요. 세상에는 얼핏 알고 깊게는 모르는 분들이 꼭 계신다니까요~

　　트로이 전쟁이 트로이 왕자 파리스가 그리스 왕비 헬레네와 도망쳐서 일어난 전쟁으로만 알고들 계시는 것 같은데요. 실은 그 일이 일어난 이유가 바로 저 때문이었습니다. 어머, 거~기 뒤에 계신 남성분 주목해주세요. 주목! 사람, 아니 여신이 말을 하는데 최소한 주목은 해주셔야죠~ 어쨌든 다시 얘기로 돌아가면요~ 어느 날 저랑 헤라 여신이랑 아테네 여신이 미모 대결을 하는데 신들의 신이신 제우스께서 그 결정권을 파리스에게 넘겼거든요. 그랬더니 파리스가, 이 친구가 여신 보는 눈이 좀 있더라고요. 호호. 저를 최고로 아름다운 여신으로 지목한 거에요. 호호호.

그래서 약속대로 저만큼은 아니지만 그래도 인간 세상에선 가장 예쁜 헬레네를 파리스와 맺어줬거든요. 먼저 베푼 것도 없는데 좋은 선물을 받았으니 제가 할 수 있는 일은 해줘야 하잖아요~ 둘이 얼마나 좋아 죽고 못 사는지 꿀 떨어지는 눈빛만 봐도 제가 다 행복하다니까요~ 역시 사랑의 힘은 세상 그 어느 것보다 위대해요. 그러니 세상 무서울 것 없는 저승의 신 하데스도 에로스의 화살을 맞고는 페르세포네에게 홀딱 빠져서 어쩔 줄을 몰라 하잖아요. 평상시엔 늘 뚱한 표정으로 있던 이가 얼굴이 벌겋게 변해서 당황해하는 모습이라니~ 여러분도 직접 보셨어야 했어요. 호호호.

사실 오늘 아침까지 좀 우울했는데 여러분들과 이렇게 이야기를 나누고 있으니까 마치 오랜 친구들을 만난 것처럼 좋네요. 무엇보다 여러분들이 제 이야기에 귀를 기울여주니 너무 감사해서 눈물이 다 나올 것 같아요. 어머, 이런. 진짜 눈물이 나오네요. 여신이 이러면 안 되는데요~ 뭐 말이 나왔으니까 드리는 말씀인데 실은 여러분이 아시는 것처럼 제가 아버지인 제우스 신이 명령하셔서 대장장이 신 헤파이스토스와 강제로 결혼한 건 아니에요. 뭐랄까요… 다른 남신들은 저마다 출중한 외모에 전쟁이니 뭐니 해서 날고뛰는데 혼자 외모도 왜소한데 늘 대장간에서 풀무질만 하고 있는 모습이 어쩐지 측은하더라고요…. 어머. 죄송합니다. 저도 모르게 목이 막히네요. 죄송한데 누가 물 좀 가져다주시겠어요? 어머~ 이런 꽃미남께서~ 외모도 잘 생겼는데 친절하기까지 하네요. 호호.

어쨌든 그런데 그게 전부일 줄 누가 알았겠어요. 그러니까요, 정말로 대장간에서 풀무질하는 거밖에 모르더라고요, 아무것도요! 그이는 제가 아레스를 사랑한 걸로 오해하고 절 올림푸스 모든 신들이 보는 앞에서 그토록 심한 망신을 주었는데 그건 사실과 달라요. 제가 원했던 건 단지 따뜻한 관심과 약간의 보살핌이 전부였어요. 그래서 아레스를 좋아하는 척하면 행여 그이가 관심을 기울여줄까 했는데 세상에… 어찌 그렇게도 심하게 모욕을 줄 수 있었는지요…. 생각해 보세요. 제가 아무리 예쁘게 꾸며도, 아무리 그이를 위해 헌신해도 돌아오는 건 무표정과 무뚝뚝함이 전부라니요. 그럴 때마다 전 제 존재 자체가 부정당하는 것 같아 견딜 수가 없다고요. 그래서 이젠 헤파이스토스를 떠나기로 결심했어요. 남신이 아니어도 좋아요. 평범하더라도 있는 그대로의 저를 받아주는 따듯하고 정겨운 남자를 만나 진정한 사랑을 나누며 살고 싶어요. 무조건 주기만 한다고 사랑이 돌아오지 않는다는 걸 이제야 겨우 좀 알 것 같아요. 이제 저도 조금 더 당당히 살아가겠습니다. 그러니 여러분들도 사랑 많~이 나누며 행~복 하게들 사세요~! 여러부운~ 사랑합니다~!

존재를 채우기 위해 사랑하는 삶

우라노스의 딸로서 바다 거품 속에서 태어났다고 하여 '물거품에서 태어난 여신'이라는 뜻의 이름을 지닌 아프로디테. 그녀의 이름 속에는 '좋은 것을 주는 여신'이란 또 다른 의미가 숨겨져 있다고 하니 그녀는 사랑이란 좋은 것을 인간 세계에 전해주는 진정 여신이다. 게다가 이름만 예사롭지 않은 것이 아니라 사랑의 여신답게 미모 또한 빼어나 미의 상징으로 그리스 모든 여신 중 가장 아름다운 여신으로 전해져 오고 있다. 사실 트로이 전쟁의 발단이 트로이 왕자 파리스가 그리스 제일의 미녀 헬레네를 납치하여 일어난 일들로 알고 있지만 한 걸음 더 들어가 들여다보면 아프로디테의 미모가 자리 잡고 있다.

바다의 여신 테티스와 펠레우스 왕의 결혼식에 모든 신이 초대를 받았는데 불화의 여신 에리스만 제외되었다. 그러자 화가 난 에리스는 자신이 불화를 몰고 다녀 초대받지 못했음을 헤아리지 않고 결혼식장에 '가장 아름다운 여신에게'라는 글귀가 적힌 황금사과를 던져 넣고 사라졌다. 그러자 미의 여신 아프로디테에게 제우스의 아내인 헤라와 지혜의 여신인 아테네가 서로 자신이 그 사과의 주인이라고 도전장을 내밀며 제우스에게 판가름을 부탁하였다. 제우스는 자신이 최고의 신이지만 여신들의 미모 다툼에 끼었다가는 골치 아픈 일을 당할 수도 있다는 걸 잘 알고 있었다. 그리하여 외모는 수려하지만 지혜롭지 못한 트로이의 왕자 파리스에게 판결을 떠넘겼다.

세 여신은 각자의 매력을 뽐내며 파리스 앞에 나타나 저마다 자신을 선택하면 헤라는 권력을, 아테네는 전쟁에서의 승리를, 아프로디테는 세상에서 가장 아름다운 여인을 아내로 맞을 수 있게 해주겠다고 했다. 파리스는 망설임 없이 황금사과를 아프로디테에게 건넸고 이로써 아프로디테는 다시 한번 여신 중에서 '가장 아름다운 여신'임을 확인받았다.

그녀는 약속을 지키기 위해 세상에서 가장 아름다운 여인인 그리스 왕비 헬레네를 파리스와 맺어 주었다. 그러나 헬레네는 이미 그리스 왕의 아내였기에 격분한 그리스인들이 연합군을 일으켜 트로이로 쳐 늘어간 것이 바로 트로이 전쟁이다. 트로이 전쟁은 세간에 알려진 것처럼 헬레네 때문만이 아닌 한걸음 뒤엔 이렇듯 아프로디테의 미모가 자리잡고 있었다. 하지만 아프로디테는 자신으로 인해 그리스가 트로이를 쳐들어오고 결국 트로이가 멸망하는 운명이 마음 아팠다. 사랑의 여신으로서 전쟁에 끼어들 순 없지만, 트로이의 재건은 도와주고 싶었다. 남신들과 전쟁 영웅들이 미쳐 날뛸 때, 여신은 남몰래 살며시 트로이로 내려가 자신의 방식으로 미래를 준비하기 시작하였다.

그렇다고 아프로디테가 젊은 시절에도 이처럼 현명한 것은 아니었다. 아프로디테는 아버지인 제우스의 명령으로 그리스 남신 중에서 외모가 가장 볼품없고 왜소한 헤파이스토스와 결혼하였다. 헤파이스토스는 외모만 볼품없는 것이 아니라 다른 남신들이 멋지게 폼을 잡으며 인간 세계를 휘어잡는 것과는 달리 온종일 대장간에 틀어박혀 뜨거운 화로 앞에서 땀을 뻘뻘 흘리며 신들의 투구나 다른 용기들을 만드는 대장장이 신이었다. 아프로디테로서는 외모도 일도 밑지는 결혼이었다. 그러나 정작 그녀를 힘들게 하는 것은 대장장이 특유의 투박함과 무뚝뚝함이었다. 언제나 대장간에 틀어박혀 일만 하는 그가 어쩌다 일찍 들어오면 늘 그의 관심을 기다리는 여신은 부산해질 수밖에 없었다.

"어머~ 오늘은 일찍 들어오셨네요! 호호. 저녁은요? 미리 말씀하고 오시지 그러셨어요~ 그럼 당신 입에 맞는 걸로 떡 벌어지게 차려놨을 텐데요~ 잠시만 기다리세요. 이제라도 후~딱 차려 볼게요! 그동안 샤워라도 하세요~ 시원한 맥주부터 한 잔 드릴까요? 여보오~ 갈아입을 옷 욕실 앞에 내놨어요~"

헤파이스토스가 미처 답을 할 사이도 없이 이것저것 챙기는 아프로디테가 부리나케 저녁상을 차려왔다. 갑자기 차렸다고 하지만 한눈에 봐도 예사롭지 않다. 평상시 늘 이런 순간을 기다렸던 것 같다.

"여보~ 이거 드셔보세요~ 이게 에게해 앞바다에서만 잡힌다는 황금새우에요~ 제가 껍질 발라 드릴게요~ 소스는 뭐로 드릴까요? 올리브오일? 타르타르? 아니면 동방에서 온 칠리소스? 뭐 좋아하실지 몰라 다 준비했으니 입맛대로 드세요~ 당신이랑 같이 밥 먹으니 너무 좋네요~ 호호. 식사 다하시면 제가 어깨 주물러 드릴게요. 당신 늘 대장간에서 일하시니까 어깨 아프실 거 아니에요. 옆집 님프한테 부탁해서 어깨 뭉친 거 잘 풀리는 약을 구해놨거든요~ 그리고요~"

애정이 그리운 아프로디테의 말이 끝없이 이어졌다. 듣다 못한 헤파이스토스가 갑자기 버럭 하고 소리를 질렀다.

"밥 좀 먹자!"

"어머어머, 죄송해요~ 제가 말이 좀 많았어요? 호호호. 근데 당신은 소리치는 것도 참 박력 있고 멋있어요~ 호호호."

미의 여신답게 늘 누군가로부터 주목받고 칭송받아야 행복감을 느끼는 아프로디테로서는 헤파이스토스의 관심을 끌기 위해 온갖 노력을 다하였으나 소용없었다. 사실 헤파이스토스가 아프로디테를 사랑하지 않은 건 아니었다. 다만 그는 투박한 사내로서 자신의 사랑을 어찌 표현해야 할지 몰랐다. 최선을 다해 자신의 일을 완벽하게 해내는 것이 아내를 사랑하는 길이라 믿었으나, 사랑은 그리 단순하지 않은 것이 문제였다. 아프로디테 여신은 외롭고 허전했다.

그러던 어느 날 여신의 미모에 반한 전쟁의 신, 아레스가 갖은 달콤한 말을 속삭이며 접근하였다. 아레스는 전쟁의 신답게 남성미 뿜뿜 풍기는 멋진 외모에 성격도 화끈한 남신이다. 그런 남신이 여신에게 계속 아름답다, 사랑한다 속삭이며 접근하니 여신도 끌리지 않을 수 없었다. 하지만 아레스는 지혜나 지략 혹은 신중함 같은 소프트웨어는 장착하지 못한 하드웨어만 멋있는 신이었다. 아레스는 자신이 미의 여신과 연인 사이라는 것이 자랑스러워 견딜 수가 없어 여기저기 떠들고 다녔다. 얼마 지나지 않아 여신을 제외한 올림푸스 신들 모두가 두 사람 관계를 알게 되었다.

결국 여신의 남편 헤파이스토스의 귀에도 이 사실이 들어갔다. 대장간 화로보다 더 큰 불덩이가 마음속에서 치밀어 올랐다. 그는 여신이 왜 그리되었는지를 알려 하지 않고 복수를 결심하였다. 그는 끈기를 갖고 완벽한 무구와 용기를 만드는 대장장이 신이었다. 그 사실을 안 순간 아레스에게 달려가지도 여신에게 따져 묻지도 않았다. 대신 아무에게도 보이지 않는 얇고 견고한 황금 그물을 만들어 부부의 침실에 걸어놓았다. 여신에겐 어디 좀 멀리 다녀오겠다 말하고 집을 비웠다. 위험한 사랑일수록 조심성이 없게 마련인 법, 아레스와 여신이 벌거벗은 채 그물에 딱 걸렸다. 여신의 마음은 전혀 헤아릴 줄 모르는 헤파이스토스가 두 사람을 그물에 가둬놓고 소리쳤다.

"올림푸스 신들이여. 다들 모이시오. 여기 올림푸스 최고 구경거리가 있소이다!"

그러자 여신들은 문을 걸어 잠그고 남신들은 소란스레 달려왔다. 이성의 신, 아폴론이 눈을 가늘게 뜨고 전령의 신, 헤르메스에게 이런 일을 당하는 한이 있더라도 아프로디테라면 연애할 거냐고 물었다. 헤르메스가 더한 일을 당해도 여신의 곁에 한 번만 누워보고 싶다고 너스레를 떨자 모여든 모든 남신이 박장대소하였다. 망신도 이런 망신이 없었다. 결국 바다의 신, 포세이돈이 민망함에 헛기침을 하며 사태 수습을 위해 헤파이스토스를 설득하여 두 사람은 풀려났다. 두 사람의 관계가 끝나는 순간이었다. 하지만 끝난 건 아레스와 여신만의 관계뿐이 아니라 여신과 남편과의 관계도 끝이었다.

아프로디테는 자신이 가장 좋아하는 키프로스섬에 몸을 숨겼다. 사랑을 줄 대상도, 주는 이도 없는 여신의 삶은 삭막했다. 사랑과 미의 여신이란 타이틀이 무색하게 거울도 안 보고 웃음기도 사라진 날들이 이어졌다. 어머니가 너무 침울해하고 우울해하자 보다 못한 아들 에로스가 어머니에게 사랑의 화살인 큐피드를 쏘았다. 화살을 맞은 아프로디테는 아름다운 미소년 아도니스에게 흠뻑 빠지게 되었다.

인간이었지만 너무도 아름다운 아도니스를 사랑하여 신들의 궁전에서 인간 세계로 내려와 밤낮 그의 곁에 머물며 그만 바라보았다. 그러나 전쟁의 신, 아레스와 벌인 애정행각과는 달랐다. 애정행각은커녕 순수하게 아도니스를 돌봐주고 주는 사랑에 흡족하고 행복해했다. 다만 너무 과하게 주는 것이 문제일 뿐이었다. 아무리 여신이라고는 하지만 너무 과한 사랑은 오히려 속박이요, 구속인 법. 아도니스가 여신의 사랑에 숨 막히기 시작했다. 그러다 아프로디테는 잠시 신들의 세계로 돌아갈 일이 생기자 어쩔 수 없이 그의 곁을 떠나며 절대 위험한 사냥 같은 건 하지 말라고 신신당부하였다.

여신의 넘치는 사랑이 견디기 어려웠던 혈기왕성한 아도니스는 모처럼 해방되자 자리를 박차고 뛰어나가 멧돼지 사냥을 시작했다. 바로 이때 이 장면을 눈여겨보며 쾌재를 부르는 이가 있었으니 얼마 전에 헤어진 아레스였다. 아레스는 아프로디테를 잊지 못해 틈만 나면 연락하였지만, 그와의 관계가 진실한 사랑이 아닌 것을 깨달은 여신은 단호히 거절했다. 아레스는 자신을 거절하는 이유가 새로운 연인, 아도니스 때문이라고 생각하고 호시탐탐 아도니스를 제거할 기회를 노리고 있었다.

다른 남신도 아닌 하필이면 전쟁의 신이 자신의 목숨을 노리는 줄도 모르고 모처럼 해방감에 들뜬 아도니스가 부푼 마음을 창끝에 모아 사나운 멧돼지를 향해 있는 힘껏 던졌다. 평상시 실력이라면 창에 맞은 멧돼지가 즉사했어야 했지만 아레스가 기운을 불어넣자 창에 맞은 멧돼지는 오히려 미친 듯이 날뛰기 시작하였다. 그러더니 아도니스에게 덤벼 날카로운 이빨로 급소를 물어뜯었다. 급소를 맞춘 줄 알고 방심했던 아도니스는 그만 그 자리에 쓰러지고 말았다.

황금마차를 타고 하늘 궁전으로 돌아가다 연인의 비명을 들은 여신은 황급히 마차를 돌려 다시 지상으로 내려왔다. 그러나 가련한 아도니스는 여신의 무릎에 고개를 떨구고 마지막 숨을 거두고 말았다. 그리스 신들보다도 더 아름다운 미소년이었던 아도니스를 가슴 깊이 사랑했던 여신은 너무 슬퍼서 그 자리에 쓰러져서 일어날 줄 몰랐다. 여신의 애끓는 눈물이 아도니스의 피를 적시자 아프로디테의 이름처럼 거품이 일더니 핏빛 꽃 한 송이가 피어올랐다. 바로 '사랑의 괴로움'이라는 꽃말을 지닌 짧게 피다 지는 꽃, 아네모네였다.

　이제 아프로디테에게 남은 건 오직 단 한 사람, 아들인 에로스뿐이었다. 누군가에게 사랑을 베풀지 않고서는 살 수 없는 여신은 이번엔 아들을 돌보며, 아들에게 의지해 살아가는 중이었다.

　그러던 어느 날, 지상에서 프시케라는 한 소녀가 가히 여신의 미모를 능가할 정도로 아름답다는 이야기가 신들의 세계까지 들려왔다. 인간들이 말하기를 굳이 멀리 있는 아프로디테 여신을 숭배할 필요 없이 가까이에 있는 프시케를 미의 여신으로 숭배하는 게 좋겠다고까지 말하였다. 아무리 어머니로서의 삶에 충실히 살며 그 삶에 만족하고 있다고는 하지만 누군가 자신보다 주목받는다는 사실에 여신은 불같은 질투심이 끓어 올랐다.

　그리하여 이제는 장성한 아들, 에로스를 시켜 지상으로 내려가 아무도 프시케를 사랑하지 못하게 만들라고 하였다. 어머니의 말이라면 맹목적으로 순종하는 에로스가 잽싸게 지상으로 내려왔다. 그러나 아뿔싸… 에로스는 프시케를 보고 자신이 한눈에 반해 버렸다.

　에로스는 어머니 몰래 프시케와 시상에 궁전을 바런하고 밤마다 내려와 그녀와 달콤한 사랑을 나누고 새벽이면 하늘로 돌아갔다. 다만 자신의 신분이 노출되어 어머니께 들통날까 두려운 마마보이 에로스는 프시케가 자신을 볼 수 없게 하였다. 그러자 너를 진심으로 사랑하는 게 아닌 것 같다, 괴수 아니냐 등 별별 소리를 다 하는 언니들의 부추김에 자신의 궁금함까지 더해 프시케는 양초를 들고 살며시 잠자던 에로스의 얼굴을 보려다 촛농이 떨어지는 바람에 들통이 났다. 놀라 깨어난 에로스는 진실한 사랑은 의심하지 않는 법이란 말을 내뱉고는 하늘로 올라가버렸다.

프시케는 도저히 그를 잊을 수 없었다. 그녀가 실성한 사람마냥 에로스를 찾고 다니자 천상의 아프로디테도 모든 사실을 알게 되었다. 질투에 괘씸죄까지 더해 여신은 아들은 골방에 가두고 프시케를 불러들여 에로스의 사랑을 되찾으려면 목숨을 걸고 여러 시험을 통과해야 한다고 하였다. 이대로 사는 것이 더 괴롭다 여긴 프시케는 뭐든 할 수 있는 최선을 다할 것이라 하였다.

프시케는 아프로디테가 지시하는 온갖 일들을 고초를 겪으며 하나씩 행해나갔다. 마지막으로 저승의 여왕, 페르세포네에게 가서 아름다움을 유지하는 비결이 담긴 황금상자를 받아오다 너무 궁금해서 열어보다 그만 마법에 걸려 깊은 잠에 빠져버렸다. 더는 견딜 수 없었던 에로스가 제우스의 도움을 받아 그녀를 구했다. 제우스 신이 프시케가 에로스의 정식 아내로서 천상에서 사는 것을 허락하자 아프로디테도 어쩔 수 없이 그녀를 받아들였다. 그런가 하면 내심 그녀가 천상에 살게 되면서 지상에서 인간들이 다시 자신을 숭배하기 시작하는 것에 안도하였다.

그렇게 아들마저 자신의 품을 떠나자 아프로디테 여신은 사랑의 여신으로서 사랑을 주고받을 대상이 없는 스스로에 대해 생각하기 시작하였다. 그러면서 점차 진정한 사랑은 무엇인지, 사랑의 여신으로서의 자신의 존재적 의미는 무엇인지를 고민하였다. 그러던 중, 파리스에 의해 최고의 여신으로 다시금 인정받자 트로이 전쟁에서 그를 돕기로 결심하였다. 전쟁 중 파리스가 어려움에 처할 때마다 그를 감취주고 구해주었으나 역부족이었다. 역시 인간이 전쟁을 벌이면 동물적인 살육만이 있을 뿐 사랑 따윈 끼어들 틈이 없었다. 앞날을 살펴보니 트로이의 미래가 참담하기 그지없었다. 찬란하던 도시는 파괴되어 폐허가 될 것이고 가까스로 살아남은 사람들은 그리스 노예가 되거나 거리의 부랑자로 전락할 운명이었다. 아무리 직접 전쟁을 일으키지는 않았다고 하여도 일견 원인을 제공한 것 같아 마음이 아팠다. 사랑의 여신으로서 전쟁을 좌지우지할 수는 없지만, 이후 트로이의 재건에는 도움이 되고 싶었다. 하지만 헥토르 가문의 남자들은 모두 죽을 운명이었고 자신에겐 인간의 운명에 끼어들 힘이 없었다.

주변을 살펴보니 실력은 헥토르 가문의 남자들에 뒤지지 않으나 인품은 더하면 더하지 덜하지 않는 앙키세스가 눈에 띄었다. 그와 사랑을 나누고 아이를 낳으니 그가 바로 아이네이아스로 성장 후 트로이 남자로선 유일하게 헥토르에 버금간다는 이야기를 듣게 되었다. 결국 트로이는 멸망하였고 아이네이아스는 아버지이자 여신의 남편인 앙키세스를 어깨에 들쳐 메고 따르는 사람들을 인솔하여 트로이를 탈출하였다. 바야흐로 트로이 민족은 그에게 앞날을 걸어야 했다.

아이네이아스는 트로이 탈출 후 끝 모를 고난의 길을 이어갔다. 하지만 여신은 이번엔 아들의 안전함을 지켜준다는 구실로 아이네이아스를 자신의 곁에 묶어 두거나 속박하지 않았다. 아이네이아스가 역경과 모험을 통해 스스로 큰 사람으로 성장할 때까지 한걸음 떨어져 지켜봐 주었다. 때가 되자 아이네이아스가 마침내 이탈리아 로마 인근에 라비니움이라는 도시국가를 세우고 알바롱 왕가를 세웠다. 그리고 이 왕조의 마지막 왕녀로부터 로물루스와 레무스 쌍둥이 형제가 태어났고, 그중 형 로물루스에 의해 로마 제국이 시작되었다. 물론 시작할 때는 아프로디테 여신을 제외한 그 누구도 로마가 거대한 제국으로 발전할 술은 몰랐지만…

이렇듯 아이러니하게도 그리스 문명을 이어받아 로마제국을 건국한 것은 그리스에 의해 멸족한 트로이의 후예들이었다. 로마인들은 아프로디테를 베누스라는 로마식 이름으로 바꾸어 부르며 자신들의 시조 여신이자 수호 여신으로 받들었다. 로마 제국은 이후 로마 문명사에 이름을 올리는 카이사르와 아우구스투스로까지 이어지며 카이사르조차 자신을 아프로디테 여신의 후손이라 자부하여 성전을 지어 바치기도 한다.

아프로디테 여신은 젊은 날 미성숙한 사랑의 스펙트럼을 거치며 사랑에 모든 것을 걸었다. 그러나 점차 깊고 성숙한 사랑에 눈을 떠가며 자신의 방식으로 스스로의 삶을 채우고 일으켜 세웠다. 그리하여 그리스 문명이 에게해 너머로 사라지고 로마가 바톤을 이어받아 화려하게 제국을 건설할 때, 아프로디테 여신이 그 문을 열어주어 그리스 여신들 그 누구보다 진정 사랑받고 숭배받게 되었다. 결국 여신이 젊은 날 그토록 갈망하던 관심과 애정은 이젠 한 단계 깊고, 높은 차원에서 로마 제국의 명성만큼이나 영원히 이어지고 있다.

에니어그램으로 본
아프로디테 유형 분석

유형 특성

에니어그램으로 볼 때 아프로디테는 관계를 통해 자신의 존재 이유를 찾는 감성형이다. 감성형들은 자신이 좋아하는 사람들로부터 충분한 관심과 애정을 받아 그것으로 삶의 의미를 채우는 공통점을 지니고 있다. 감성형 중 아프로디테는 감성 에너지를 밖으로 표현하는 2유형, 감성 외향형이다. 감성 외향형은 감성 에너지를 밖으로 쓰는, 즉 사랑을 받기 위해 먼저 사랑을 주는 스타일이다.

단, 아프로디테 유형은 사랑을 베풀 때 자기들이 사랑을 돌려받기 위해 먼저 베푼다는 것을 잘 인식하지 못한다. 그래서 아프로디테의 후예들 중에는 늘 타인에게 애정 공급자처럼 물심양면 많은 것을 베풀지만 자신이 기대한 만큼 그에 준하는 애정이 되돌아오지 않을 때 불만이 쌓이는 경우가 많다. 그러면 그런 불만을 해소하기 위해 다시 다른 사람들을 돕고 베풀며 계속 주는 사랑을 이어간다. 한마디로 아프로디테 유형은 자신들도 사랑받고 싶어 한다는 것을 잘 인식하지 못한 채 끝없이 타인의 요구나 필요를 충족시켜주는 관계유지를 통해 스스로의 존재 이유를 찾는 유형이다.

여신 중에서도 가장 아름다운 아프로디테가 남신 중에서 가장 볼품없고 무뚝뚝하기까지 한 헤파이스토스와 결혼한 것은 아프로디테 유형의 베푸는 사랑을 잘 보여주는 예라고 할 수 있다. 아프로디테 유형은 현실에서 누군가 자신을 필요로 하거나 도움을 요청하면 그것으로 자신이 가치 있는 존재라 여기기에 만사를 제쳐놓고 그에 응하는 경향이 있다. 즉 스스로 자신을 인정하기보다는 타인과의 관계에 기대어 사는 유형이다.

한편 아프로디테가 본인의 의지와는 관계없이 헤파이스토스와 결혼하고 아레스나 아도니스와 연인 사이로 발전하는 것 또한 아프로디테 유형의 특성을 잘 보여주는 상징적인 모습이다. 사실 신화 속에선 이성과의 사랑으로 그려지고 있지만 아프로디테 유형들은 가족이나 친구 등 모든 관계에서 자신의 의지를 내세우기보단 상대방의 필요나 요구를 충족시켜 주는 것에 더 초점을 맞추는 유형이다. 즉 내가 좋지 않아도, 원치 않아도 상대가 좋으면 나도 좋다라는 태도로 관계를 맺는다.

상대 요구를 무조건 맞춰준다는 특성 때문에 9유형 하데스 유형 중, 특히 여성 9유형들이 자신을 2유형 아프로디테 유형이라 혼동하는 경우가 많다. 두 유형의 가장 큰 차이점은 2유형 아프로디테 유형은 애교가 많고 상대의 정서적 변화에 자신을 잘 맞추는 반면, 9유형 하데스 유형은 평상시엔 애교보다는 곰돌이, 곰순이처럼 순하지만 자신의 뜻대로 일이 되지 않을 때는 장형답게 상대방 감정과는 상관없이 갑자기 뚱해지며 고집을 부린다는 점이다.

그렇다고 아프로디테 유형의 속마음까지 그런 것은 아니다. 오히려 이 유형이야말로 그 누구보다 사랑받기를 원하기에 일단 한번 관계가 형성되면 자칫 강한 집착이나 소유욕으로 발전할 가능성이 높다. 예를 들어, 아프로디테 여신이 아도니스를 사랑한 뒤 올림푸스 신전에서 지상으로 내려와 밤낮으로 그의 곁에만 머무는 이야기는 아프로디테 유형의 과한 애정 공세를 잘 보여주고 있다. 이는 아프로디테 유형의 전형적인 사랑하는 방식으로서 일단 사랑에 빠지면 자신의 존재를 잊어버린 채 상대방에게 무조건 나를 맞추려는 모습을 잘 드러내고 있다. 한마디로 아프로디테 유형은 에니어그램 9가지 유형 중에서 가장 사랑이 많고 사랑스럽기도 한 러블리 그 자체로서 자신들도 사랑받기를 누구보다 원한다는 사실을 인식하지 못한 채 주는 사랑에 몰두하는 유형이다.

그러므로 아프로디테가 다양한 스펙트럼의 사랑을 겪고 나서 아이네이아스를 향해서는 소유하는 사랑이 아닌 키워주는 사랑을 베푸는 것은 2유형에겐 매우 의미 깊은 이야기이다. 아프로디테 유형이 사랑하는 사람들과의 관계에서 약간의 거리를 두고 나도 홀로서기를 하고, 상대도 홀로서기를 하도록 여백을 허용한다는 것이야말로 아프로디테가 로마를 품어냈듯이 2유형들이 지닌 넘치는 애정이 모두를 새로이 탄생시키는 진정한 사랑의 힘이기 때문이다.

긍정적 측면

양털같이 따뜻한 보살핌

트로이 전쟁 중 헬레네를 빼앗은 파리스와 빼앗긴 메넬라오스가 일대일로 혈투를 벌인 적이 있다. 이때 그나마 활쏘기는 좀 하지만 육탄전은 영 형편없는 파리스가 아내를 빼앗겨 독이 오를 대로 오른 메넬라오스에게 투구를 붙잡혀 그리스 진영으로 질질 끌려갔다. 이 장면을 목격한 아프로디테 여신이 두려움을 무릅쓰고 남신들의 혈투로 얼룩진 전쟁판에 뛰어들어 파리스를 구해내다 부상을 당하였다. 이처럼 아프로디테 유형들은 자신들이 (꼭 이성 관계가 아닐지라도) 한번 마음을 준 사람들은 열과 성의를 다해 정성껏 보살피는 경향이 있다.

심지어 적대 관계에 있던 헤라 여신이 (파리스가 아프로디테를 가장 아름다운 여신으로 선택하면서 아프로디테는 트로이 편을, 선택되지 못한 헤라와 아테네 여신은 그리스 편을 들었다) 트로이를 동정하는 제우스 신이 그리스를 자꾸 불리하게 만들자 그를 신전에 붙잡아 두기 위해 자기 양친이 사이가 안 좋아졌다고 거짓말을 둘러대며 아프로디테에게 사랑의 허리띠를 빌려 달라고 했다. 대개의 경우, 적대적 위치에 있는 헤라 여신이 그런 부탁을 하면 왜 그러는지 의심을 하거나 거절할 텐데 아프로디테 여신은 이때도 전혀 마다하지 않고 헤라의 부탁을 들어준다. 이처럼 현대 아프로디테의 후예들도 언제 어디서나 자신의 도움을 필요로 하는 이들이 손을 벌리면 자신들이 할 수 있는 혹은 그 이상을 베풀어주려고 애를 쓰며 따뜻한 양털 구름 같은 보살핌을 베풀고 있을 가능성이 높다.

블링 블링 러블리의 대명사

아프로디테는 올림푸스 남신들 사이에서 최고 인기 여신이었다. 뿐만 아니라 화가들 사이에서도 가장 선망의 대상으로 아름다움을 표현하고 싶을 때면 늘 등장하는 여신이다. 그렇다고 아프로디테 여신이 외모만 아름다웠던 것은 아니다. 트로이 전쟁에서 파리스를 구하려다 부상을 당하고 아버지인 제우스 신에게 달려가 아프다고 엄살을 떨며 응석을 부리는 모습은 애교 만점 그 자체이다. 부드럽고 상냥하고 거기다 애교 만점에 미소까지. 이성뿐 아니라 동성 친구끼리도 아프로디테 후예들을 거부하거나 미워하기는 결코 쉽지 않다. 거기다 눈이라도 마주치면 예의 그 부드러운 미소로 방긋 웃어주기까지 하니, 현대에도 아프로디테의 후예들이 있는 곳은 대개 주변 에너지까지 밝고 화사하게 만드는 블링 블링 러블리의 대명사라고 할 수 있다. 한마디로 사랑스러움이란 단어가 의인화되었다면 그건 바로 아프로디테와 그녀의 후예들이라고 할 수 있겠다.

정서적 교감 능력

아프로디테 여신이 도움을 준 또 다른 사례로 자신이 조각한 차가운 조각상을 사랑한 피그말리온의 이야기가 있다. 그는 자신이 만든 조각상을 사랑한 나머지 모든 살아있는 여인은 멀리하고 호응 없는 차가운 그녀의 사랑을 갈구하며 죽을 지경에 놓였다. 그러자 아프로디테 여신이 그를 불쌍히 여겨 조각상에 따뜻한 온기와 감정을 불어넣어 인간으로 만들어 주었다. 이는 아프로디테 유형의 사랑이 단순한 도움이 아닌 정서적으로 교감하며 상대방의 정서적 필요까지 채워주는 면을 잘 보여주고 있다.

아프로디테 유형만 타인을 돕는 것은 아니다. 장형인 헤라클레스 유형은 남을 돕되 자신의 힘으로, 자신이 원하는 방향으로 해결하려 한다. 즉, 내 뜻대로 해결인 셈이다. 그런가 하면 사고형 헥토르 유형은 자신이 속한 공동체가 잘 유지되기 위해 필요한 실용적인 도움을 제공하는 경우가 많다. 어느 쪽이든 정서적 어루만짐이나 교감 능력은 부족하다.

반면 아프로디테 유형의 경우 누군가 도움을 요청하거나 어려움에 처한 사람이 있으면 피그말리온의 차가운 조각상에 따뜻한 온기와 감정을 불어넣은 것처럼 상대방의 정서적 필요까지도 잘 어루만져 준다. 더불어 상대가 도움이 필요할 때뿐만이 아니라, 누군가 기쁜 일이 있을 때도 마치 내 일처럼 함께 기뻐해주기도 한다. 이처럼 정서적 교감 능력은 타 유형에 비해 감성형들에게 발달된 특성이긴 하지만, 그중에서도 감성 에너지를 외부로 쓰는 아프로디테 유형은 특히 타자의 다양한 정서적 변화에 민감하게 반응하며 함께 울고, 함께 웃어줄 수 있는 특별한 장점을 지니고 있다.

부정적 측면

과한 애정공급

아도니스는 여신 중에서도 가장 아름다운 아프로디테 여신이 자신을 사랑해주니 우쭐하는 마음도 생기며 마냥 좋았다. 하지만 여신이 밤낮없이 그의 곁에 머물며 그가 필요한 모든 것을 채워주니 차츰 구속당하는 것 같아 힘들어지기 시작한다. 거기다 감성형으로 아도니스의 미세한 감정 변화까지 포착하며 어디 아파? 뭔가 기분 나쁜 일 있었어? 라고 상대의 감정선까지 다그치기 시작하면 그 누구도 지치지 않을 수 없다. 아프로디테의 후예들 중에는 비단 이성 관계에서만 그러한 것이 아닌 가족이나 친구 등 모든 관계에서 발생할 수 있는 일이다(심해지면 내게 올 사랑이 다른 사람에게 향했다고 생각한 순간, 그 사람을 향한 질투나 미움 등 상당히 농도 진한 부정적 감정이 표출될 수도 있다).

즉 이 세상에 넘치는 것이 모자람만 못하다는 말이 들어맞는 경우가 참 많은데, 그중 아프로디테 유형에겐 애정이 그러하다. 세상에 사랑을 주는데 싫다고 할 사람이 어디 있을까 싶은데 그 정도가 지나치면 속박이 되어 옭아매는 느낌을 줄 수도 있다. 그리하여 현대 아프로디테의 후예들은 '내가 이렇게 잘해주는데 저 사람은 왜 날 멀리하지?'라는 경우가 발생할 수 있다. 특히 사랑을 준 만큼 상대 호응이 적으면 적을수록, 다음에 누군가 자신의 애정을 받아주는 사람을 만나면 더욱 매달리고 집착하기도 하는 악순환에 빠지기도 한다. 바로 아프로디테 유형의 과한 애정공급이 단점으로 변하는 순간이다.

감정적인 앙갚음

아프로디테는 프시케가 자신보다 관심을 끌고 주목을 받자 질투심이 끓어올라 못 견딘다. 게다가 자신의 아들인 에로스가 그녀를 사랑하게 되자 어려운 일을 시키며 프시케를 골탕 먹인다. 이는 아프로디테 유형이 자신이 주목의 대상이 아니거나 애정이 충족되지 못할 때, 자신도 모르게 감정적인 되갚는 모습을 잘 보여주고 있다. 아프로디테 여신과 관련한 이야기 중에 히포메네스가 아탈란테를 사랑하여 여신께 기도하여 사랑을 이루게 된 일화가 있다. 그런데 사랑이 이루어지자 사랑에 도취하여 두 사람 모두 아프로디테에게 감사하는 것을 깜빡 잊어버렸다. 그러자 이를 괘씸히 여긴 아프로디테가 두 사람을 사자로 만들어버렸다. 이는 아프로디테 유형이 결코 돌아오는 것에 대한 기대 없이 베푸는 것이 아님을 잘 드러내는 일화이다.

아프로디테 유형이 사랑을 베푸는 마음 한 켠에는 '내가 이렇게 잘해주니까 부디 나도 좀 사랑해줘'라는 바람이 큰 경우가 많다. 즉, 아프로디테 유형은 자신들이 받고 싶은 사랑을 먼저 베푸는 것이다(다만 아프로디테 유형 자신은 잘 인식하지 못하기 때문에 인정하려 들지 않는 경우가 많다). 달리 표현하면, 상대를 사랑으로 채워주면서 나도 같은 방식으로 사랑받기를 그렇게 표현하고 기대하는 것이다.

그러나 세상에서 아프로디테 유형만큼 상대방의 필요와 (심지어) 정서적 욕구까지 섬세하게 어루만지고 헤아릴 수 있는 유형은 거의 없다. 그러므로 이들의 애정 통장의 잔고는 늘 마이너스일 수밖에 없다. 그런 만큼 현대 아프로디테의 후예들은 자신들의 사랑이 기대한 만큼 돌아오지 않거나 다른 사람을 향한다고 여기면, (장형이 아니기에 직접적으로 분노를 폭발시키지는 않더라도) 질투나 미움 등 상당한 부정적인 감정을 드러내거나 때론 뒤에서 상대를 헐뜯는 식의 간접적인 앙갚음을 하는 단점을 드러내기도 한다.

나는 부족함이 없다는 교만함
미의 여신이라 일컬어지는 아프로디테는 왜 하고많은 남신들 중에서도 볼품없는 대장장이 신, 헤파이스토스와 결혼하였을까? 게다가 아프로디테 유형은 왜 이다지도 타인에게 베풀고 애정을 공급하기만 할까? 차라리 그 시간과 에너지를 스스로에게 투자하면 더 좋지 않을까? 그 이유는 바로 아프로디테 유형의 마음 깊은 곳에서는 자신들은 부족한 것이 없다는 교만함을 갖고 있기 때문이다. 즉 아프로디테 여신은 미와 사랑의 여신답게 내심 스스로에 대해 굉장한 자부심을 지니고 있다. 아프로디테 여신이 남신들 중 가장 왜소하고 직업도 (남신들 중에서는) 변변치 않은 대장장이 신, 헤파이스토스와 결혼한 이유 또한 스스로에 대한 자신감이 넘쳐 상대를 측은히 여기기 때문이다(물론 아프로디테의 후예들은 그래서 더욱 자신들과 동등하게 빛나는 상대방을 찾기도 한다). '나는 이만큼 빛나는 사람이니까, 내 빛으로 당신까지 감싸줄게'라는 교만함이다.

현대 아프로디테 유형들 역시 자신들의 어려움을 토로하거나 누군가에게 도움을 요청하는 일은 가능한 하지 않는다. 자신들은 도와주는 사람이지 절대 도움을 청하는 사람들이 아니기 때문이다. 에니어그램에선 '돕는 사람'이라고까지 정의되는 아프로디테 유형. 그녀의 후예들은 진정 도움이 필요한 사람은 어쩌면 본인일지도 모르는데 오늘도 타인만 도와주고 있을지도 모르겠다.

에니어그램으로 본 아프로디테 유형의 성장 포인트
내가 아프로디테의 후예라면

타인으로부터 한걸음 물러나기

아프로디테 유형들이 가장 먼저 깨달아야 할 것은 애정이라도 무한정 베푸는 것은 오히려 상대를 지치게 만들 수도 있다는 점이다. 아프로디테 자신이 상대에게 베푸는 그런 사랑을 너무도 갈망하기 때문에 인식을 할 수 없을 뿐이다. 그러나 애정이야말로 과하면 오히려 속박이 될 수도 있다는 사실에 눈을 뜨도록 하자. 그러면 상대로부터 한걸음 물러나기가 조금은 수월해질 수 있다. 같은 감성형이지만 4유형 감성 내향은 자신 안으로 움츠러들고, 3유형 균등형은 자신들의 호불호를 중요시한다. 반면 아프로디테 유형들은 사람들만 보면 반사적으로 끌리며 자신도 모르는 사이 어느새 '너무 사랑한 당신'이 된다. 그러므로 일단 본능적으로 사람을 향해 온 마음이 달려가더라도 스스로를 저지해야 한다.

그리고 이 포인트가 바로 아프로디테 유형이 사고형처럼 이성의 힘을 개발해야 하는 지점이기도 하다. "왜 그렇게 상대를 도와야 하는지? 아직 그쪽에서 도움을 요청하지도 않았는데 왜 나서는지? 내가 이러는 것이 오히려 상대는 부담이 될지도 모르는데 잠시 멈춰야 하는가 아닌가?' 등 그때그때 상황에 따라 이성의 힘을 끌어내어 합리적으로 판단하는 것을 연습해야 한다. 한걸음 물러서 관계에서 여백을 만들면, 상대방이 숨쉬기가 편해져서 오히려 장기적으로 좋은 관계를 이어갈 수 있다는 것을 경험하게 될 것이다. 바로 아프로디테의 후예들이 그토록 간절히 바라는 좋은 관계 맺기의 첫걸음이다.

나부터 돌보기

상대방으로부터 한 걸음 물러섰다면 이젠 나를 좀 봐주도록 하자. 그동안 얼마나 오랜 기간 방치해둔 나인지 말이다. 내가 내 욕구를 돌봐주고 이야기를 들어주면 되는 것을, 타인의 욕구를 채워주고 그 사람이 날 사랑해주길 기다린다는 것은 아프로디테의 후예들도 상당히 지치는 일이 아닐 수 없다. 타인만 소중한 것이 아니라 나도 소중하다. 타인의 필요를 충족시키는 일이 급한 것이 아니라 나를 돌보는 것이 더 급하다. 내가 사랑으로 충만해야 타인도 사랑할 수 있기 때문이다. 아프로디테 유형은 자신들은 이미 충분하다고 여기는 교만함을 지니고 있다. 그러나 이젠 자신 안에도 타인과 똑같은 목마름이 있다는 것을 가만히 직시할 필요가 있다. 그렇지 않으면 언제까지 타인의 꽁무니만 쫓아다니는 사이클에서 벗어날 수 없기 때문이다. 어떤 유형에겐 너무 쉬워 보이고 당연해 보이는 이 일이 아프로디테의 후예들에겐 상당히 어렵다. 그러므로 일기를 쓰거나 자신에게 편지를 보내거나 아니면 커피 한잔을 꺼내놓고 단순히 노트를 끄적거리며 자신의 이야기를 한번 들어주기 시작해보자. 아마 그동안 아주 오래 타인에게 바라던 다양한 바람이 슬픔이나 미움 등 다양한 감정선과 함께 밀려 올라올지 모르겠다. 그럼 거기서부터 시작해보도록 하자. 일단 타인이 아닌 내가 외면한 나의 오래된 감정들부터 돌봐주며 서서히 타인에게만 향했던 시선을 안으로 돌려세우기, 아프로디테의 후예들에게 가장 커다란 전환점이 되는 순간이다.

한 달에 한 번이라도 '마이 데이My day' 즐기기

내 감정, 내 욕구를 들여다보기 시작했다면 이젠 한 달에 한 번이라도 내가 주인공이 되어 살아보도록 하자. 나만의 '마이 데이My Day'를 정하는 거다. 제발 한 달에 한 번이라도 가족이나 기타 모든 사람들을 잊고 오직 나만 생각하고, 나만 돌봐주도록 한다. 그러나 아프로디테의 후예들에겐 한 달에 한 번도 결코 쉬운 일이 아니다. 그럴 때는 에니어그램에서 아프로디테 유형의 성장 포인트인 자기애의 대가들인 오르페우스를 떠올리자. 오르페우스 유형은 타인은 아랑곳하지 않고 오직 연못속의 자신만을 바라보는 나르시스트로 주는 사랑이 아닌 받는 사랑을 추구한다. 그럼에도 사람들은 오히려 그의 사랑을 얻고자 늘 오르페우스와 나르시스의 주변을 서성인다. 아프로디테의 후예들이 하루 정도 그리 살아도 다른 사람들은 내 삶에서 결코 사라지지 않으니 안심해도 좋다. 아니 오히려 각자 따로 떨어져 충전하고 만나는 다음 날이 더 활기차게 행복할 가능성이 훨씬 높다.

아프로디테 여신도 처음에는 아도니스도 그렇고 아들인 에로스에게도 강한 집착을 보인다. 그러다 아이네이아스의 경우는 한걸음 물러나 그를 지켜봐 준다. 아이네이아스가 오히려 더 큰 사람이 되어 스스로의 힘으로 로마제국의 시조가 되고 로마가 아프로디테 여신을 수호신으로 모시는 것은 아프로디테 유형에게 상징하는 바가 굉장히 크다고 할 수 있다. 그러므로 아프로디테의 후예들은 일부러라도 나의 날을 정해놓고 그날만큼은 오직 자신만 돌보도록 하자. 그럼 비록 처음부터 아프로디테 유형의 성장 포인트인 자기애의 대가 오르페우스만큼 즐기지는 못하더라도 자꾸 반복해서 연습을 하다 보면 차츰 편안히 스스로를 채워줄 수 있게 된다. 그렇게 아프로디테의 후예들이 조금씩 더 타인에게서 물러나 나 자신을 채울수록, 아프로디테 유형들이 마음 깊은 곳에서부터 늘 원하고 갈망하던 진실로 아름다운 관계가 형성되며 오래 유지될 수 있다. 바로 나를 사랑하여 그 기쁨으로 타인도 사랑하는 건강한 애정 넘치는 삶이다.

아프로디테 유형을 위한 **성장 TIP!**

오르페우스의 자기애

음악의 신이라 불리던 오르페우스는 왜 트라케 사람들에게 죽임을 당했을까?

특별함과 자아도취를 오가는 오르페우스

특별함과 자아도취를 오가는
오르페우스

오르페우스의 자기고백

"   비가 오는군요… 참… 좋습니다. 빗소리… 이야기를 나누기에 앞서 괜찮으시다면 음악을 좀 틀어도 될까요…? 이야기를 나눠야 할 테니 부드럽고 잔잔한 것으로 틀겠습니다… 그리고… 가능하면 조명은 좀 어둡게 하면 좋겠습니다. 아무래도 분위기가 약간 가라앉아야 진지한 대화를 나눌 수 있고 또 그래야 대화를 나누는 의미가 있을 테니까요… 그리고… 혹시 몰라서 양초를 좀 준비해왔습니다. 중세 대성당에서 미사를 볼 때 사용하던 자연향이 나는 양초라고 합니다. 아무래도 이런 대화를 나눌 때는 어둑한 조명 사이사이 캔들 불빛이 어른거리면 서로의 마음이 닿는 데 도움이 되지 않을까 하는 생각에서입니다… 마음 같아선 와인도 한잔 나누면 이 장면이 아름답게 완성될 것 같은데 알코올은 안 된다고 하시니 대신 풍미 진한 원두를 준비해 왔습니다. 아무래도 대화를 나누다 보면 잠시 말을 끊고 서로의 대화를 음미할 시간이 필요할 테고 그때는 커피와 함께한다면 서로의 느낌을 어느 정도는 헤아릴 수 있지 않을까 합니다…

저는… 오르페우스라고 합니다… 음악을 사랑하고 시를 좋아하며 사랑을 노래하며 삶의 의미를 찾고 있습니다. 저희들의 존재라는 것이 결국 바람결에 실리는 음악 같아야 하지 않겠습니까… 그렇게 살다 한 사람이 제 운명 속에 들어왔고 저는 그 운명을 온전히 사랑했습니다. 저희들이 신의 이름으로 하나되던 날, 횃불을 든 히메나이오스의 표정이 음울해서 불길하다고들 하는데 저는 그리 생각하지 않습니다. 이 세상에 행복한 결혼이 어디 있나요… 그토록 사랑하던 두 사람이 만나 언약을 하고 영원을 기약하며 함께 살지만, 이 세상 어디에도 영원의 흔적은 없습니다. 죽음으로 증명하면 또 모를까… 전 히메나이오스를 이해할 수 있습니다. 그토록 사랑하는 저희가 사랑을 영원히 지켜내기 위해 얼마나 많은 사랑의 슬픔과 나약함과 부대껴야 할지, 그는 거기까지 헤아렸던 것입니다. 그의 암울했던 표정, 그것이야말로 저희들 사랑이 영원하길 바라는 그가 주는 최고의 축복이었습니다… 아무나 헤아리기 어려운 선물입니다…

이제 떨리는 마음으로 제 아내이자 연인이자 유일한 사랑이었던 에우리디케 이야기를 하려 합니다… 조금 더 정확히 말씀드리면 저와 에우리디케 두 사람이 만들어낸 저희만의… 뭐라고 표현해야 할까요… 이럴 때 참 언어의 한계가 안타깝습니다… 저희들의 사랑은 분명 언어의 경계를 넘어선 그 어딘가의 세상에 닿아있었으니까요… 그녀와의 이야기는 이 정도로 하는 것이 좋겠습니다. 자칫 그 의미를 언어에 담아 내면의 본질이 흐려질까 두렵습니다… 죄송한데 커피를 한잔 마시며 무언의 대화를 좀 이어가도 될까요… 잠시 그녀와의 추억에 침잠하고 싶습니다… 그동안은 괜찮으시면 음악의 볼륨을 한껏 좀 올리겠습니다… 이야기를 너무 많이 했더니 좀 피곤합니다….

....

고맙습니다… 진정한 대화가 무엇인지를 아시는 분이군요… 문득 한 장면이 떠올랐습니다. 그녀와 제가 이승의 문턱에서 다시 두 개의 다른 세상으로 떨어지던 날. 그 날 저도 죽고 말았습니다… 눈을 뜨고 있으되 볼 수 없었고, 귀가 있으되 들리지 않았으며, 입이 있으되 소리가 나오지 않았습니다. 오직 그녀를 향한 제 마지막 생명력이 제 음악에 담길 뿐이었습니다. 음악이 제

전부였습니다… 그러니 전 언제, 어떻게 죽었는지 기억하지 못합니다… 그저 이젠 제가 자유로워졌다는 것 그것만 알 뿐입니다… 사실 현실이란 비루함 속에서 영원한 의미를 찾기가 좀 지난했습니다… 오히려 죽음 속에 영원한 의미가 담긴 것이 아닐까… 저승에 다녀오며 그런 느낌이 들기도 하였습니다… 아무쪼록 남은 이야기는 음악으로 대신하겠습니다… 아무래도 언어는 제게 적절한 예술이 아닌 것 같습니다…….

특별함에 취한 자아도취적 사랑

대개 그리스 신화 속 영웅들은 괴물을 물리치고 싸움에서 이기는 업적을 쌓으며 영웅으로 등극한다. 그런데 음악 하나로 신의 경지를 능가하는 독보적인 존재가 바로 오르페우스이다. 오르페우스는 강의 신과 예술가들에게 영감을 주는 것으로 유명한 아홉 명 뮤즈 여신들 중에서도 '아름다운 목소리'라는 뜻의 이름을 지닌 칼리오페 여신 사이에서 태어났다. 거기다 음악의 신, 아폴론에게 리라를 전수받았으니 오르페우스가 리라를 연주하며 노래를 부르면 그 소리가 어찌나 감미로운지 사납게 불던 바람도 잔잔히 귀를 기울이고 하늘을 날던 새들도 나무에 내려앉을 뿐더러 모든 나무들이 그의 음악 소리가 들리는 쪽으로 휘어졌다고 한다.

오르페우스는 이아손이 숙부에게 빼앗긴 왕권을 되찾기 위해 황금 양털을 찾기 위한 원정대를 구성할 때도 그의 음악적 재능을 인정받아 발탁되었다. 원정대에는 젊은 시절의 헤라클레스, 트로이 전쟁 최고의 영웅인 아킬레우스의 아버지 펠레우스, 제우스의 아들들인 카스트로와 폴리데우케스 그리고 훗날 아테네 최고의 영웅이 된 테세우스 등이 동참하였다. 하나같이 쟁쟁한 영웅들로서 이들과 함께 원정대에 발탁되었다는 건 오르페우스의 음악적 재능이 당대 최고 영웅들과 맞먹고 있음을 알려주고 있다. 이아손 일행이 황금 양털을 찾아 되돌아오다 치명적인 노래로 선원을 유혹하여 죽게 만드는 세이렌의 섬을 지나칠 때의 일이었다. 그 소리가 너무도 감미로워 한번 들으면 빠져나올 수 없다는 세이렌의 노래가 들려오기 시작하였다. 그러자 오르페우스가 리라를 켜며 노래를 부르기 시작하였는데 천상의 소리보다 더 감미로웠다. 어느새 일행들은 세이렌의 노래가 아닌 오르페우스의 노래에 흠뻑 빠져서 아무도 죽지 않고 섬을 빠져나올 수 있었다. 그 후에도 파도가 성을 내어 파도가 칠 때마다 오르페우스는 달콤한 노래와 연주로 성난 파도를 달래며 아무도 무서운 바다의 제물이 되지 않고 무사히 원정을 마칠 수 있었다.

그렇게 음악과 함께 지내던 어느 날 오르페우스는 물의 요정인 에우리디케와 사랑에 빠져 결혼을 하게 되었다. 결혼식에는 결혼의 신인 히메나이오스가 초대되어 결혼 행렬의 맨 앞에서 밝은 횃불을 밝혀 주고 축가를 불러주기로 하였다. 그러나 결혼식 당일 히메나이오스의 표정은 우울하기 그지없었고 그가 들고 온 횃불에선 불이 꺼지고 그을린 연기만이 날 뿐이었다. 하객들은 그을린 연기에 눈을 뜰 수 없었고 축가도 취소되었다. 이를 두고 사람들은 불길한 징조라 여겼지만 사랑에 흠뻑 취해있는 오르페우스는 사랑으로 모든 것을 극복할 수 있다고 여기며 개의치 않았다.

그러던 어느 날, 양봉을 하는 아리스타이오스가 친구들과 들판에 나간 아름다운 에우리디케를 보고 한눈에 반하였다. 그녀의 아름다움에 끌려 그가 무조건 따라오자 에우리디케는 당황하여 도망쳤다. 도망치던 그녀가 얼떨결에 수풀에 숨어있던 뱀을 밟자 놀란 뱀이 그녀의 발목을 물어 그 자리에서 숨을 거두었다. 너무도 허망한 죽음이었다. 음악과 사랑이 자신의 전부라 믿고 살던 오르페우스는 도저히 그녀의 죽음을 받아들일 수가 없었다. 이제 그의 음악은 잔잔하고 부드러운 행복이 아닌 슬픔과 비통함으로 가득했다. 그 슬픔이 어찌나 애잔했던지 그의 노래를 듣는 모든 꽃과 나무들까지 함께 울 정도였다. 그렇게 세상을 등지고 슬픔만 노래하던 오르페우스는 어느 날 문득 저승 세계로 가서 하계의 왕과 여왕께 에우리디케를 돌려달라 간청해야겠다고 결심하였다.

저승 세계로 들어가기 위해선 이승과 저승을 연결하는 스틱스강을 건너야 하는데 이 강을 건너기 위해선 뱃사공 카론에게 노잣돈을 주어야 했다. 하지만 산 사람이었던 오르페우스는 죽은 자만이 지닐 수 있는 저승 세계의 노잣돈이 없어 카론은 그를 배에 태워주지 않으려 했다. 오르페우스가 아내를 만나고 싶은 간절한 마음을 담아 리라를 연주하자 뱃사공 카론은 처음으로 산 사람을 태워 강을 건너주었다. 이윽고 오르페우스가 저승 세계의 입구에 도달하자 머리는 셋이고 꼬리는 뱀의 모습을 하고 저승 입구를 지키는 난폭한 개, 케르베로스가 사납게 짖으며 덤벼들었다. 오르페우스가 리라를 연주하자 그토록 사납게 짖어대던 케르베로스 역시 슬며시 꼬리를 내리고 길을 비켜주었다. 결국 오르페우스는 살아있는 자로서는 드물게 저승 세계의 왕과 여왕인 하데스와 페르세포네를 만나게 되었다. 그들 앞에 선 오르페우스는 음악에 맞춰 다음과 같이 읊조리기 시작하였다.

"어둠의 세계를 다스리는 죽은 자들의 신이시여, 부디 제 이야기를 들어주소서. 저는 꽃다운 나이에 독사에게 물려 죽은 아내를 찾기 위해 이곳에 왔습니다. 그녀를 잊고자 하였으나 도저히 그럴 수가 없었습니다. 그녀와 저는 분리될 수 없는 하나이기 때문입니다. 그러므로 간청하오니 그녀와 저의 생명 줄을 다시 이어주시기 바랍니다. 그 시기가 다를 뿐 언젠가 우리 모두는 결국 이곳으로 오게 되어 있습니다. 저나 그녀나 명을 다한 뒤에는 이곳에 속해서 살아갈 존재들입니다. 그러니 제발, 제 명이 다할 때까지, 그때까지만 그녀를 저와 함께 할 수 있도록 허락하여 주십시오. 필요하시다면 제 명을 단축시켜도 좋습니다. 부디 그녀와 제가 함께 할 수 있게만 해주십시오. 만약 도저히 그럴 수 없는 일이라면 차라리 저를 이곳에 머물게 해주십시오. 조금 일찍 왔다고 해서 제게 달라질 것은 아무것도 없습니다. 이 황량한 어둠의 세계일지라도 그녀와 함께일 수 있다면 제겐 이곳이 행복입니다. 그러니 부디 저에게 사랑을 허락하여 주십시오. 제발 부탁입니다…"

리라의 감미로운 선율에 맞춰 애달픈 목소리로 오르페우스가 자신의 비통한 슬픔을 노래하자 그 아름다움으로 인해 지옥의 영원한 형벌의 불이 꺼져버렸다. 그리하여 티튀오스의 간을 파먹던 독수리도 멈추어 티튀오스는 잠시나마 고통에서 놓여났고, 영원히 산 위로 바위를 굴려 올리던 시시포스도 바위를 내려놓고 한때나마 쉴 수 있게 되었다. 밑 빠진 동이에 끝없이 물을 부어야 했던 다나오스의 딸들도 노역에서 잠시 풀려나게 되었고, 심지어 복수의 여신들조차 처음으로 눈물을 흘렸다. 음습하고 황량한 저승 세계에 오르페우스의 아름다운 노랫소리가 촉촉이 젖어 들자 저승의 규칙을 잘 지키는 하계의 여왕 페르세포네의 마음도 움직여 남편인 하데스 왕에게 그의 청을 들어주자고 간청하기에 이르렀다.

그 자신 누구보다 아내를 사랑하는 하데스 왕은 결국 오르페우스의 청을 들어주기로 결정하였다. 하데스 왕의 결정에 따라 에우리디케가 뱀에게 물린 발을 절룩거리며 불려왔다. 하데스 왕이 오르페우스에게 이르기를 아내를 데려가되 저승의 문을 다 빠져나갈 때까지는 절대로 뒤돌아보아서는 안 된다고 일렀다. 만약 그 전에 뒤를 돌아보면 마법의 주문이 풀려 그녀는 다시 저승 사람이 될 것이라며.

공포에 질린 두 사람은 마음을 졸이며 컴컴한 저승 세계를 빠져나와 이승으로 올라가는 동굴 입구가 보일 때까지 부지런히 걸음을 재촉하였다. 한시라도 빨리 그곳을 빠져나와야 한다는 생각으로 앞장서서 정신없이 걷던 오르페우스는 이승의 입구가 저만치 보이자 문득 에우리디케가 따라오지 않으면 어쩌지 하는 불안감에 휩싸였다. 음악의 달인으로 유난히 청각이 예민한 그의 귀에 뒤따라오는 아무 인기척도 느낄 수 없었기 때문이었다. 하데스 왕은 분명 저승을 완전히 빠져나갈 때까지 절대 뒤돌아보아선 안 된다고 하였지만 저만치 이승의 입구가 보이자 그래서 더 불안했다. 혹시라도 그녀가 따라오지 않는데 자신만 저승 세계를 빠져나가서는 안 될 일이기 때문이다. 그리하여 인기척만 확인하고자 무심코 곁눈질로 흘끗 뒤를 본 바로 그 순간…! 소리 없이 따라오던 에우리디케는 슈…우욱 하고 연기처럼 시커먼 저승 세계로 다시 빨려 들어갔다. 너무도 놀란 오르페우스가 허겁지겁 손을 뻗쳐 보았지만 손에 잡히는 건 아무것도 없이 그녀의 애잔한 눈빛만 가슴에 남았다.

7일 밤낮을 먹지도 자지도 않고 저승으로 가는 강어귀에서 다시 노래를 불렀지만 굳게 닫힌 저승 문이 이번에는 열리지 않았다. 홀로 지상으로 돌아온 오르페우스는 이전보다 더욱 상심하였다. 그도 그럴 것이 이승 문 앞에서 자신의 실수로 에우리디케를 다시 저승으로 보내고 말았으니 이젠 자책까지 더해졌다. 게다가 자신의 연주로 더는 저승의 문을 열 수 없음에 살고 싶은 의욕이 사라졌다. 어쩔 수 없이 트라케 숲으로 돌아온 오르페우스는 이후 삼 년 동안 세상을 등지고 틀어박혀 있었다. 오르페우스가 다시 혼자가 되자 트라케의 수많은 여인이 그의 마음을 얻으려 갖은 노력을 했다.

"음악의 신과 같은 오르페우스님! 저 좀 봐주세요. 당신 드리려고 오늘 핀 봄꽃을 가득 따왔어요~"

봄꽃처럼 예쁜 숲속 님프의 유혹이었다. 그러나 오르페우스는 눈길 한번 주지 않고 들릴 듯 말 듯 감미로운 노래를 부를 뿐이었다. 쳐다봐 주지 않을 거면 노래도 부르지 말던가, 기왕 불러줄 거면 크게 불러주던가. 들릴 듯 말 듯한 노랫소리에 님프의 속은 타들어 갔다.

"세상에서 가장 아름다운 노래를 부르는 오르페우스님! 물에 떨어진 낙엽을 모아왔어요. 리라에 꽂으면 선홍색이 너무 예쁠 것 같아요!"

계절이 바뀌자 이번엔 물꽃 요정이 가을 낙엽을 한가득 가져와 소리쳤다. 오르페우스는 역시나 눈길도 주지 않고 리라 소리를 이전보다 작게 연주했다. 요정 역시 어쩔 줄 몰라 하며 자리를 뜨지도 더 가까이 가지도 못한 채 속만 태웠다.

"오르페우스! 내년에 트라케 숲에서 디오니소스 신의 제전을 여는 거 알지? 자네가 꼭 좀 와줘야 해. 이건 우리 지역에서 제일 중요한 제전이라 말일세. 이제 그만하면 됐으니 간 사람은 좀 놔주고 자네도 새 출발해야지. 이 사람아, 벌써 삼 년이야, 삼 년! 그러지 말고 우리 일도 좀 도와주게나. 아, 언제까지 그렇게 혼자 리라만 켜고 살 거야. 세상에 자네 노래하고 연주를 듣고 싶어 목매는 사람이 한두 사람이 아닌 거 잘 알잖나. 명색이 음악의 신인 자네가 우리 지역 최고 축제인 디오니소스 제전에 빠지면 내가 디오니소스 신을 뵐 면목도 없고 거기 오는 분들 뵐 낯도 없으니 이제 그만 나와서 함께 지내세. 그러니 꼭 와주게나. 내 이렇게 부탁함세."

디오니소스 제전을 준비하는 숲의 정령이 와서 간곡한 부탁과 함께 이제 그만 세상 밖으로 나올 것을 권하였다. 그러나 오르페우스는 요지부동 이렇다 할 대꾸 한마디 없이 연못을 응시할 뿐이었다. 연못에 비친 자신의 모습을 보는 건지 물의 요정이었던 에우리디케를 그리워하는 건지 알 수 없었다….

이렇게 트라케의 모든 처녀와 사람들은 그의 마음을 얻기 위해 최선을 다했지만 아무 소용없었다. 오르페우스는 모든 여자와 사람들을 멀리한 채 오직 에우리디케와의 사랑만 그리워할 뿐이었다. 삼 년이 지난 어느 날 트라케 숲에서 머지않은 곳에서 술의 신인 디오니소스 제전이 벌어지며 축제가 시작되었다. 인근 모든 여인들이 몰려와 모처럼 술에 잔뜩 취해서 해방감을 만끽하며 미친 듯이 노래하고 춤을 추며 즐겼다. 그러나 오르페우스는 아랑곳하지 않고 홀로 고요히 리라를 켤 뿐이었다. 그러던 중 술에 취한 여인 중 하나가 숲속에 있는 오르페우스를 발견하였다.

"저기 오르페우스가 있다! 우리를 깔보고 무시한 바로 그 노래쟁이! 연약하고 약해빠진 그 녀석이 저기 있다!"

그러자 술 취한 여자들이 우르르 갈지자로 휘청거리며 오르페우스가 있는 숲속으로 달려왔다. 오르페우스는 전혀 미동도 하지 않고 눈길 한번을 주지 않았다. 여인들은 더욱 약이 올라 흥분하기 시작했다.

"저런 놈은 죽어야 해! 저렇게 우리를 무시하는 놈은 무서운 맛을 봐야 한다고! 지가 잘나면 얼마나 잘났다고 혼자서 저 난리야, 난리가!"

갑자기 여인 중 한 사람이 옆에 있던 돌맹이를 집어 있는 힘껏 던졌다. 그러나 날아오던 돌은 오르페우스의 음악 소리를 듣고 얼마 못 가 스르륵 힘을 잃고 땅에 떨어졌다. 급기야 여자들 사이에 본격적인 취기가 돌며 눈빛에 광기를 띠더니 괴성을 지르며 동시에 돌을 던지기 시작하였다. 무리의 괴성에 눌려 오르페우스의 음악 소리가 들리지 않았다. 그러자 그를 막아주던 힘이 약해져 마침내 여인들이 던지는 돌맹이가 오르페우스를 맞히기 시작하였다. 오르페우스가 피를 흘리며 쓰러지자 어느새 가시 돋친 지팡이까지 챙겨온 여인들이 달려들어 그를 갈갈이 찢어 죽여서 헤브로스 강에 버려버렸다. 그를 불쌍히 여긴 뮤즈 여신들이 시신을 수습하여 레이베트라에 묻어주었다. 이 때문인지 레이베트라의 꾀꼬리는 다른 그리스 지역의 꾀꼬리보다 아름답게 운다는 전설이 지금까지도 전해져 오고 있다.

결국 현실을 외면하고 오직 사랑에만 매달렸던 오르페우스는 죽은 뒤 저승 세계 중 예술가들만이 갈 수 있는 엘리시온에 들어가 영원히 음악과 함께하는 삶을 살고 있다고 한다. 그로부터 지상의 예술가들 역시 그를 예술의 신으로 받들고 오르페우스 교를 만들어 예술적 영감을 이어오고 있다.

에니어그램으로 본
오르페우스 유형 분석

유형 특성

에니어그램으로 볼 때 오르페우스는 관계를 통해 자신의 존재 이유를 찾는 감성형이다. 감성형들은 자신이 좋아하는 사람들로부터 충분한 관심과 애정을 받아 그것으로 존재의 이유를 삼으려는 공통점을 지니고 있다. 감성형 중 오르페우스는 감성 에너지를 안으로 쓰는 4유형, 감성 내향형이다. 감성 내향형은 감성 에너지를 안

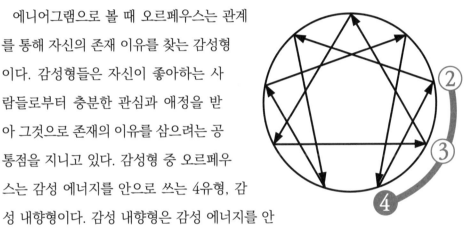

으로 쓰는, 즉 사랑을 끌어당기는 유형이다. 사랑을 끌어당겨야 하므로 오르페우스 유형들은 스스로를 특별함으로 치장하기 좋아한다. 대중과 똑같이 평범하면 눈에 띌 수도 없을뿐더러 관심과 애정을 받기 어렵다고 여기기 때문이다. 한마디로 오르페우스 유형은 평범함을 거부하며 특별함으로 치장하여 사람들로부터 관심과 애정을 받아 그것으로 자신의 존재 이유를 찾는 유형이다.

고대 그리스에서 영웅이라 하면 헤라클레스나 헥토르처럼 전쟁터에 나가 공적을 세우거나 악당을 퇴치하는 이들이다. 혹은 오디세우스처럼 바다를 누비며 모험을 즐기고 새로운 터전을 찾아나서는 이들을 뜻한다. 그런데 유독 오르페우스만이 음

악으로 그런 영웅의 반열에 자신의 이름을 올린다. 참으로 시작부터가 특이하지 않을 수 없다. 그런데 오르페우스가 특이한 건 음악적 재능뿐이 아니다. 살아있는 사람이 저승을 오가며 나누는 그의 사랑 또한 매우 특별하다. 물론 오르페우스가 산 사람들 중 저승을 방문한 유일한 인물은 아니었다. 헤라클레스가 12가지 과업 중 마지막 과업을 이루려 방문하였었고 오디세우스 또한 귀향 전 마지막으로 저승을 방문하여 테이레시아스에게 자신의 미래 운명에 대한 이야기를 전해 들었다. 그러나 이들처럼 쟁쟁한 영웅들도 자발적으로 저승을 방문한 것은 아니었다. 과업상 어쩔 수 없이 자신의 뜻과는 별개로 방문했을 뿐이다.

유독 오르페우스만이 누가 시킨 것도 아닌데 죽은 아내를 찾겠다고 자발적으로 저승 세계를 방문하는데 이는 오르페우스 유형의 여러 가지 성향을 상징적으로 내포하고 있다. 오르페우스 유형은 아내를 되살리는 것도 중요하지만 자신들의 사랑이 지상과 저승을 오가는 특별한 사랑인 것도 매우 중요하다. 그야말로 특별한 사랑이 아니면 이룰 수 없는 특별한 일이기 때문이다. 그렇기 때문에 산 사람들은 그 누구도 꺼려하고 두려워 입에 올리기도 저어하는 저승 세계도 자발적으로 방문한다. 그런 만큼 오르페우스가 사랑을 찾아 저승을 방문하는 것은 4유형이 특별함과 관계에 목숨 거는 특성을 상징적으로 잘 보여주고 있다(그렇기에 오르페우스 유형은 자못 신비스런 분위기를 풍기기도 하고, 자칫 현실과 동떨어진 촌스럽거나 부담스런 분위기를 풍기기도 한다). 그런가 하면 오르페우스에게 저승은 하데스의 경우처럼, 감성 내향으로서 세상으로부터 한걸음 물러나 자신 안으로 움츠러드는 자신만의 세계를 상징하기도 한다. 다만 장형인 하데스에게 저승이 주는 상징이 자신의 마음대로 주도하고 싶은 지배자로서의 세계라면, 감성형인 오르페우스에게 저승의 상징은 세상 사람들은 이해하지 못하는 고통이 낮게 깔려있는 어딘가 슬픔과 비애가 가득한 분위기를 지닌 환상의 공간이다.

한편 오르페우스는 자신의 실수로 아내를 지상으로 데려오지 못하고 홀로 돌아오자 사회로부터 멀어져 음악에만 의지하여 살아간다. 트라케 여인들 모두가 애원해도 거들떠 보지도 않고 오직 죽은 아내만 생각하며 리라를 켜는 그의 모습은 연못에 비친 자신의 모습을 사랑하여 세상과 등진 나르시스를 연상시킨다(나르시스는 그리스 신화 속에서 4유형의 상징과도 같은 대표적 인물이다). 즉, 오르페우스 유형은 아내를 사랑하기도 하지만 특별한 사랑에 대한 환상에 더 집착하는 유형이다. 한마디로 사랑 그 자체를 사랑하는 이들이라 할 수 있다(오르페우스의 후예들 중 암울함에 사로잡히면 자칫 비련의 여주인공 같은 환상적인 사랑을 갈구하는 경우도 있다). '저승을 오가며 나눈 사랑을 대치할 것은 이 세상 어디에도 없다. 이제 나는 음악뿐이 아니라 사랑에서도 세상에서 가장 특별한 삶을 살게 되었다. 그런 삶을 평범한 사람들과 나눌 수 없다'. 이게 바로 오르페우스 유형들이 삶을 대하는 전형적인 태도이다. 그래서 대개 오르페우스 유형들은 자아도취에 빠져 세상을 멀리하고 연못에 비친 자신만 바라보며 현실감 없이 살아가는 경향이 있다. 한마디로 오르페우스 유형은 (다른 유형과 비교했을 때) 빼어난 예술성을 지니고 있지만 자신만의 환상적 삶에 집착하여 자아도취에 빠져 있는 자기애가 강한 유형이라 할 수 있다.

긍정적 측면

평범함을 거부하는 특별함

오르페우스는 쟁쟁한 영웅들이 힘을 앞세우는 것과는 달리 음악적 재능으로 이아손 원정대에 참여하는 유일한 인물이다. 그리고 직접 칼과 창으로 적들을 적들을 제압하는 것이 아니라 자신의 음악으로 잠재운다. 이는 오르페우스 유형이 얼마나 특별함을 추구하는지를 잘 보여주는 것으로서, 이들은 인생의 결 자체를 대다수 평범한 사람들과는 달리 하고 싶어 하는 유형이다. 물론 세상에서 아름다움을 추구하는 이들이 전부 오르페우스의 후예들은 아니겠지만 대개의 오르페우스 유형들은 특별함을 추구하다 심미안에 눈을 떠 일상에서도 아름다움을 추구하는 경향을 보이는 경우가 많다. 즉 오르페우스 유형은 대개 사람들이 흔히 부와 권력 같은 날것의 욕망을 추구할 때, 자신들은 특별함이나 아름다움과 같은 환상적 이미지를 추구하며 그것을 통해 인생을 빛내고 싶어 한다. 그런 만큼 오르페우스의 후예들 중에는 세상이 끝없는 약탈과 전쟁이 반복되어 폐허가 되더라도 자신들만큼은 폐허 속에서도 아름다운 장미 한 송이를 피우는 특별한 존재이고 싶은 사람들이 많다.

일상도 품격 있게

헤라클레스와 오르페우스 둘 다 자신들이 원하는 것을 얻기 위해 저승을 방문한다. 이때 헤라클레스는 하데스를 활로 쏘고 저승에 휘젓고 다니면서 자신 마음대로 이 사람, 저 사람을 풀어주고 지옥 개를 데려온다. 즉, 헤라클레스 유형은 하데스의 영역에 가서도 자신의 방식대로 원하는 것을 취하려는 특성을 지니고 있다. 반면 오르페우스는 가는 길에서도 조용히 음악을 연주하여 형벌을 받는 이들을 잠시 쉬게 해준다(이는 사람들을 배려하여 사랑을 받으려 애쓰는 감성형의 공통 요소이자, 자신만의 특별함으로 사람들의 시선을 끌려는 오르페우스 유형만의 방식이기도 하다. 같은 감성형이라도 감성 외향인 아프로디테같으면 그들에게 달려가 함께 울면서 자신이 벌을 대신 받거나 도와주려 할 것이다). 저승의 왕인 하데스와 여왕인 페르세포네 앞에서도 리라를 연주하며 애절한 노래를 불러 그들이 마음을 움직여 (자신이 원하는) 에우리디케를 내주게 만든다. 이는 오르페우스 유형의 품격 있는 라이프 스타일을 아주 잘 보여주는 장면이자, (세상을 이기고 지는 대결의 장으로 보는 장형과는 달리) 사람들로부터 애정을 받으려는 감성형 공통의 관계 맺기 방식이기도 하다. 이처럼 (그들 입장에선) 매우 당연히 오르페우스 유형들은 다방면에서 품격을 추구한다. 현대 오르페우스의 후예들이 직접적인 예술가의 길을 걷지 않는다면, 이들은 일상에서라도 평범한 대중성은 거부하며 자신들만의 품격 있는 이미지를 현실화하려고 애쓰며 살고 있을 가능성이 높다.

　그런가 하면 신화 속에서 오르페우스가 저승에서 홀로 돌아와 수많은 여인들을 멀리하며 홀로 살아가는 모습은 오르페우스 유형의 또 다른 특성을 잘 보여주고 있다(그렇다고 오르페우스의 후예들이 사랑을 멀리 하는 것은 절대 아니다. 오히려 반대로 그 어떤 유형보다 사랑을 추구하되 자신의 환상적 세계를 투사한 특별한 사랑을 추구한다). 오르페우스에겐 이미 저승을 넘나들며 나눈 아내와의 사랑을 대신할 사랑은 없다. 그런 궁극의 환상적 사랑을 경험한 그에게 평범한 여인들과 다시 사랑을 나눈다는 것은 도저히 용납할 수 없는 일이다. 그보단 차라리 홀로 음악에만 심취하여 사는 것이 그로서는 훨씬 품격 있는 인생이다. 한마디로 오이디푸스와 마찬가지로 그저 먹고 마시고 떠들며 사는 삶은 오르페우스 유형도 멀리하고 싶어 한다. 다만 사고 내향형인 오이디푸스가 지적 세계에 심취한다면 감성 내향형인 오르페우스는 환상 혹은 예술적 세계에 심취한다는 것이 다를 뿐이다.

환상의 세계를 창조하는 예술성

　오르페우스가 리라를 연주하며 노래를 부르면 그 소리가 어찌나 감미로운지 사납게 불던 바람도 잔잔히 귀를 기울이고 하늘을 날던 새들도 나무에 내려 앉을뿐더러 모든 나무들이 그의 음악 소리가 들리는 쪽으로 휘어졌다고 한다. 그런가 하면 사랑을 찾아 저승을 방문했을 때는 자신의 음악으로 영원한 형벌을 받는 이들이 잠시나마 고통에서 풀려나 쉴 수 있게 해준다. 이는 신화 속에 등장하는 저승 이야기들 중 가장 아름답고 애잔한 장면들로서 오르페우스 유형의 환상적 분위기를 연출하는 예술성을 잘 보여주고 있다. 물론 모든 예술가들이 오르페우스 유형이란 의미는 아니지만 많은 오르페우스 유형들이 예술에 심취하고, 사랑하고 그 자신 예술가적 혹은 예술적 삶을 살고 싶어 한다(특히 오르페우스 유형들은 같은 예술이라 할지라도 환상적 이미지나 분위기 연출을 선호하는 경향이 있다). 심지어 오르페우스 유형 중에는 자신들의 예술 세계를 지키기 위해선 오히려 일상의 비루함이나 그 어떤 역경에도 굴하지 않는 비장미를 풍기는 이들도 있다(다만 장형인 안티고네의 비장함이 개혁가적 행동으로 드러난다면, 감성형인 오르페우스의 비장함은 타인을 향하는 것이 아니라 사무치듯 고요히 자신 안으로 파고들어 예술 작품을 창조하고 그 세계를 지키는 비장함이다). 그러므로 많은 현대 오르페우스의 후예들 역시 다양한 분야에서 창조적인 예술성을 뽐내며 사람들에게 환상의 세계를 선사하고 있을 가능성이 높다.

부정적 측면

나르시스적인 자아도취

저승에서 돌아온 오르페우스는 트라케의 모든 여인들과 사람들이 그의 음악을 듣고 마음을 나누고자 매달려도 본체만체한다(그런데 사실 이들이 진짜 안 보는 것은 아니다. 보지 않는 척하면서 오히려 사람들이 그런 자신에게 얼마나 관심을 주는지 그 어떤 유형보다 촉각을 곤두세우고 있다). 마치 신화 속에서 자아도취의 끝판왕을 보여주는 나르시스같다. 나르시스 역시 대표적인 오르페우스 유형으로서 모든 사람들의 사랑에도 아랑곳하지 않고 연못에 비춘 자신의 모습을 흠모하여 결국 연못에 뛰어들고 마는 4유형, 자아도취의 대가이다. 그런 의미에서 오르페우스 유형의 자아도취는 자칫 자기애로 발전하여 '받는 사랑'에 집착할 가능성이 크다(예를 들면 아무리 목이 말라도 눈앞의 물을 자신이 마시는 것이 아니라 누군가 관심을 보이며 먹여주기를 기다리는 식이다).

오르페우스 유형은 양 날개를 귀엽게 펄럭이며 행복 가득 미소를 띈 천사들보다(이는 감성 외향, 아프로디테의 이미지에 가깝다) 하늘하늘한 옷을 입고 보일 듯 말 듯 등장하는 선녀들 이미지에 가깝다. 그래서 더 환상적일 수 있지만 현실적이지 않기도 하다(오르페우스의 후예들 중에는 워낙 스스로 특별하다는 자아도취에 빠져서 타인이 특별하다고 칭찬을 해도 당연한 것으로 받아들이거나 반대로 선녀 옷을 입고 사람들이 부담스럽다거나 이상하다 여겨도 전혀 개의치 않기도 한다). 아무리 오르페우스 자신은 예술이라 주장해도 동시대 사람들의 호응을 얻지 못하면 그건 그냥 단순한 자아도취일 뿐이다(물론 예술가들 중에 간혹 동시대가 아닌 미래 시대 사람들에게 인정받는 이들도 있지만, 어떤 삶을 살지는 궁극적으로 오르페우스 자신들에게 달린 문제겠다). 결국 현대 오르페우스의 후예들 중에도 자신은 특별하다는 나르시스적 자아도취에 빠져, 이것이 그들로 하여금 일반적인 관계에서 멀어지게 만드는 단점인지도 모르고 살아가는 경우도 많다. 자칫 일상에서도 늘 관심과 칭찬을 바라는 자기애에 빠지며 오르페우스 유형의 특별함이 단점이 되기 시작하는 순간이다.

죽음까지도 미화시키는 음울함

오르페우스는 아내를 되찾고자 저승으로 찾아가 함께 돌아가지 못 할거면 차라리 이곳에 머물겠다고 한다. 이는 오르페우스 유형의 자아도취가 조금 더 심해지면 죽음까지도 미화할 수 있는 음울한 분위기에 빠지는 것을 잘 보여주는 상징적인 장면이라 할 수 있다(그렇다고 오르페우스 유형들이 죽음 그 자체에 빠진다는 의미는 절대 아니다. 특별함을 추구하는 오르페우스 유형들은 사람들에게 있어 죽음이란 소재가 관심을 끌기에 가장 강렬하다는 것을 본능적으로 아는 이들이다. 그리하여 죽음이란 소재를 자신들의 예술 세계 안으로 자주 끌어들이는 경향이 있다는 의미이다). 일반적인 사람들은 대개 죽음에 대해 논하거나 다루기를 두려워하거나 거북해한다. 그래서 죽음이란 한편 예술적 소재로서 강렬하고 임팩트 또한 강하다. 오르페우스 유형은 사람들의 일상적 행복인 먹고, 마시고, 웃고, 떠드는 것을 어느 정도는 경시하는 경향이 크다. 그러므로 이들의 진지함과 심각함이 자아도취와 만나면 자칫 밝음과 웃음을 멀리하고 일상에서도 어느 정도 음울한 분위기를 풍길 가능성이 매우 높다. 인생의 짙은 고뇌를 한 몸에 지닌 예술적 분위기라고 할까… 그런 만큼 예술가가 아닌 오르페우스의 후예들 중에서도 자신들이 원하는 만큼의 관심이나 애정 혹은 칭찬이 돌아오지 않을 때 음울한 분위기를 자아내며 불만을 표현하는 경우가 많다. 관심이 줄어들수록 점점 더 비련의 여주인공 분위기를 드러내는 경우라고 할 수 있다. 결국 오르페우스의 후예들은 오늘도 어쩌면 밝은 미소나 큰 소리로 웃는 웃음을 멀리한 채, 나 홀로 그늘진 얼굴로 삶과 죽음의 그 무거운 경계를 자신의 일상이나 예술에 반영하고 있을지도 모르겠다. 사람들이 관심을 기울여주기 바라며…

자기 안의 환상세계로 침잠하기

저승에서 돌아온 오르페우스는 트라케의 모든 여인들을 멀리하고 숲속에 틀어박혀 음악만 연주하며 홀로 사는 삶을 택한다. 이는 오르페우스 유형의 고품격 지향적 삶과 동시에 (스스로 상처받았다 여기면) 자기 안으로 빠져드는 두 가지 양면성을 동시에 보여주고 있다. 그리스 신화 중 오르페우스 유형의 부정적 상징으로 메데이아가 있다. 메데이아는 이아손과 사랑에 빠져 자신의 가족과 조국을 배신하고 그의 황금 양털 찾기를 돕는다. 이후 이아손의 애정이 식어 다른 여자와 사랑에 빠지자 그녀는 두 사람 사이에 태어난 아이들을 죽여 복수한다. 이는 사고 내향형인 오이디푸스가 자신의 눈을 찌르는 것과 같은 맥락의 상징이다. 즉 사고형과 감성형 내향형들은 외적 충격이나 상처를 받으면 대항하기보다는 자기 안으로 움츠러든다. 메데이아의 경우 배신을 당하자 이아손을 공격하는 것이 아니라 자신의 분신과도 같은 아이들을 공격함으로 이아손에게 복수를 한다. 즉 오르페우스 유형은 상처를 받으면 상대를 직접 공격하거나 대항하기보다는 음울함에 빠져 자기 안으로 움츠러드는 경향을 보이기도 한다.

그런데 과연 오르페우스는 자신의 재능을 썩히며 그렇게 살아야만 했을까? 그에겐 함께 살아가는 이들에 대한 고마움이나 배려심은 전혀 보이지 않는 오르페우스 유형 특유의 자기애만이 도드라져 보인다. 그가 그토록 그리워하는 아내, 에우리디케도 살다 보면 다른 트라케 여인들과 똑같이 장단점을 모두 지닌 한 여인일 텐데 말이다. 결국 오르페우스는 에우리디케의 진면모를 알고 그녀를 사랑하기보다는 자신이 만든 환상적 사랑에 오히려 그녀를 가둬놓고 사랑을 사랑하는 환상에 취해 있다. 그리고 이런 삶의 태도야말로 오르페우스 유형으로 하여금 세상으로부터 뒷걸음치게 만드는 가장 치명적인 단점으로 작용한다. 그리하여 어쩌면 현대 오르페우스 후예들 중 누군가도 스스로 상처를 확대하여 자신의 환상 세계에 빠져 현실과는 동떨어진 채 본인들의 뛰어난 예술적 재능이 덧없이 흘러가도록 방치하고 있을지도 모르겠다. 아득히 먼 옛날, 트라케 숲속의 오르페우스처럼 말이다…….

에니어그램으로 본 오르페우스 유형의 성장 포인트
내가 오르페우스의 후예라면

햇살 아래로 한 걸음

오르페우스 유형은 남녀불문 스스로를 비련의 여주인공으로 여기는 경우가 많다. 그런데 정작 오르페우스 유형과 주변 사람들을 가장 힘들게 하는 것은 자신들 안에 휘몰아치는 복잡한 감정선이다. 같은 감성형임에도 감성 외향인 아프로디테 유형은 비교적 밝고 긍정적인 감성 에너지로 사람들과 관계 맺는다. 반면 감성 내향인 오르페우스 유형은 다양하고 심층적인 감성 에너지를 안으로만 사용하면서 자칫 감성 자체에 눌려서 어두운 분위기를 연출할 가능성이 높다. 그러므로 무엇보다 먼저 복잡하고 무거운 감정에서 탈출할 필요가 있다. 그러기 위해서 오르페우스 후예들은 우선 자신이 속한 공간을 먼저 둘러볼 필요가 있다. 이들은 가히 본능적으로 분위기가 좋다는 이유로 전반적으로 자신이 속한 공간을 어둡고 무겁게 꾸며놓았을 가능성이 높기 때문이다. 더불어 얼마나 자주 자신이 밝은 햇살 아래를 걷는지도 한번 점검해보자. 굳이 오르페우스 유형이 아니라도 사람은 누구나 어두운 곳에 있으면 기분이 멜랑콜리를 지나쳐 음울해질 수 있는데 하물며 오르페우스 유형은 말할 필요가 없다. 꼭 주기적으로 햇살을 쐬면서 무드 전환을 모색할 필요가 있다.

타인에게 한 걸음 다가가기

오르페우스 유형이 이토록 나 홀로 특별함 분위기를 연출하려 애쓰는 이유 역시 아프로디테 유형과 마찬가지로 결국은 사람들의 관심과 애정을 받아 그것으로 자신의 존재 이유를 충족시키려는 것이다. 둘 다 같은 감성형으로서 지향점은 같으나 에너지를 밖으로 쓰느냐, 안으로 쓰느냐에 따라 표현 방식이 다를 뿐이다. 즉 오르페우스 유형 역시 궁극적으로 원하는 것은 사람들로부터 멀어지는 것이 아니라 사람들과 관계 맺고 살아가는 것이다. 결국 사랑받기 위해 사람들로부터 멀어져 특별함을 자아내는, 마치 그 자리에서 움직이지 못하는 대신 각자 나름의 아름다운 꽃을 피워 사람들의 관심과 탄성을 자아내는 꽃과도 같다고나 할까… 하지만 감성 외향인 아프로디테 유형이 '주는 사랑'의 대가라고 한다면, 감성 내향인 오르페우스 유형들은 자아도취에 빠져 '받는 사랑'에 심취한다(다만 오르페우스 유형은 지속적으로 관심과 애정을 받아야만 관계가 유지된다고 믿기 때문에 자신들이 관계 맺는 방식이 나르시스적이거나 에고이스트적이라고 생각지 못한다).

그러나 사람들과 관계를 맺기 위해서는 일방적으로 끌어당기기만 해서는 안 된다. 받기 위해선 줄 수도 있어야 모든 관계는 유지할 수 있다. 그러므로 오르페우스의 후예들이 햇살 아래로 나왔다면 이제 상대방에게 한 걸음 다가가보도록 하자. 그리하여 그것이 무엇이던 하루 한 가지, 아주 소소한 일 하나씩이라도 타인에게 다가가는 일을 시도해보자(그러나 절대 자신이 한 일에 대해 어떤 사랑을 돌려받았는지는 생각하지 말도록 하자. 아프로디테 유형이 너무 사랑하는 당신이라면 오르페우스 유형은 너무 받으려고 하는 유형임을 명심할 필요가 있다). 그러면서 관계가 어찌 달라지는지 나만의 방식으로 기록해보자. 일상에서 타인에게 먼저 다가가 (돌려받기를 기대하지 않고) 베풀수록 내가 그토록 원하던 사람들과 관계 맺기가 조금씩 더 편해지는 것을 느낄 수 있을 것이다. 비로소 오르페우스 유형이 자신의 숲에서 나와 트라케 사람들과 어울릴 수 있는 준비를 갖출 수 있게 되는 시점이다.

예술적으로 일상에 참여하기

오르페우스 유형이 주는 사랑에 조금 더 익숙해진다면 현실에 적극적으로 참여하기는 훨씬 쉬워질 수 있다. 왜냐하면 오르페우스 유형들도 결국 사랑받는 관계 속에서 자신들의 정체성을 찾으려 하는 감성형이다. 그러므로 나 홀로 떨어져 사람들의 관심과 주목을 끌어당기기만 하는 것보다 자신이 한걸음이라도 다가갈 때 보다 큰 사랑이 돌아온다는 것을 경험하는 것은 매우 중요하다. 그럼 오르페우스 유형들은 그 사람들을 의지하여 조금씩 자신이 지닌 진정한 재능을 보여주고 나누려는 시도를 할 수 있기 때문이다. 그런 의미에서 에니어그램에서 오르페우스의 성장 포인트가 적극적으로 행동에 나서 현실을 개혁하려는 안티고네임은 의미 깊다고 할 수 있다. 만약 오르페우스가 지상에 돌아온 이후, 트라케 사람들을 멀리하는 것이 아니라 그들과 소소한 관계를 맺었으면 어땠을까? 아마 오르페우스 자신의 삶도 사람들과의 관계로 훨씬 더 충만해지며 동시에 트라케 지역 사람들은 그의 예술적 재능을 함께 향유하는 기쁨을 누릴 수 있었을 것이다.

그러므로 오르페우스의 후예들 또한 자신들이 믿는 사람들을 의지해 사회로 한걸음 더 깊숙이 들어가보자. 그렇다고 굳이 원치 않는 직업, 원치 않는 일을 찾아나서 삶을 180도 바꾸자는 의미는 아니다. 그보단 자신의 재능을 일상의 소소한 일에서부터 적용시켜 보면 좋을 듯하다. 그게 어떤 분야, 어떤 일이라 할지라도 오르페우스 후예들이 터치하는 순간 그것은 남다른 감각을 지닌 일상의 경이로움이 될 가능성이 높기 때문이다. 이렇듯 오르페우스의 후예들이 일상의 작은 일부터 보다 적극적으로 자신을 표현하기 시작할 때, 이들의 성장 포인트인 안티고네의 현실참여가 아주 멀리 있지만은 않은 일이 될 것이다. 오르페우스 또한 마음 깊은 곳에서는 안티고네 못지 않은 열정을 지녔기에 말이다.

오르페우스 유형을 위한 **성장 TIP!**

안티고네의 현실 참여

트로이 전쟁
최고의 용사 아킬레우스는
왜 전쟁에서
물러났을까?

성취주의와 개인주의를 오가는 아킬레우스

성취주의와 개인주의를 오가는
아킬레우스

아킬레우스의 자기고백

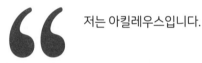 저는 아킬레우스입니다.

네? 계속 소개를 하라니요? 제가 아킬레우스라는 사실을 밝히면 되는 거 아닙니까? 음… 굳이 계속 설명해 드려야 한다면 트로이 전쟁의 아킬레우스입니다. 트로이 전쟁이 곧 저이자, 제가 곧 트로이 전쟁인 만큼 더 이상의 설명은 필요치 않을 것 같습니다. 종말에는 신들까지 개입해서 싸웠지만 결국 승패는 제가 어찌하느냐로 갈리지 않았습니까. 헥토르와 저의 일대일 결투를 두고 맞수대결이니 어쩌니 하는데 저로서는 가소로운 이야기입니다. 헥토르가 어찌 제 상대가 될 수 있습니까? 트로이를 대표하는 장군이라는 자가 겁에 질려 성을 세 바퀴나 돌며 도망치는데, 그런 자가 적수라니요? 그 정도밖에 안 되는 자가 제 친구를 죽였다는 것이 치가 떨릴 뿐입니다. 그래서였습니다. 그자의 시신을 끌고 다닌 이유 말입니다. 그자는 트로이 백성들이 보는 앞에서 비겁했습니다. 말로는 명예를 위해 산다고 하지만 행동은

트로이 일개 병사보다도 비겁했습니다. 그렇게 제가 두려웠다면 있는 힘껏 퇴각을 하던지요. 능력도 안 되면서 명예만 탐하는 자, 그가 바로 헥토르입니다. 그래서 그 수준에 맞게 대한 것뿐입니다. 오히려 그 아비가 용감하고 훌륭하더군요. 존대 받을만한 어른입니다.

그러나 제가 정말 죽이고 싶었던 건 헥토르가 아니라 아가멤논이었습니다. 아가멤논은 미련한데 욕심까지 많습니다. 그런 자가 연합군 총사령관이라는 사실이 혐오스러울 뿐입니다. 그런데 총사령관이란 직책을 내세워 아가멤논 그 작자, 제 연인을 빼앗기까지 했습니다. 죽어도 용서치 못할 일입니다. 같은 편만 아니었으면 아마 가장 먼저 죽였을 겁니다. 아니, 제 손으로 죽이진 않을 겁니다. 그놈은 그럴 가치가 없습니다. 얼마나 능력이 안 되면 딸을 제물로 바치고야 신들이 트로이 원정을 허락해 주었겠습니까. 그것도 저랑 결혼시킨다고 모녀를 속여 배로 불러들여 딸을 제물로 바쳤으니. 그자의 터무니없는 욕심이 역겨울 따름입니다. 그러니 제 아름다운 칼을 그자의 더러운 피로 물들이고 싶지는 않습니다. 제 덕분에 트로이 전쟁에서 이기더니 마치 자기가 잘나서 이긴 양 으스대며 돌아가더군요. 그러더니 총사령관이란 작자가 자기 집 욕조에서 와이프 손에 칼에 찔려 죽었습니다. 딱 그 인간 수준에 맞는 죽음이었습니다. 그녀가 다른 이를 사랑하게 되었다 들었는데, 그녀의 증오심, 충분히 이해됩니다.

참, 말이 나온 김에 한 가지만 바로 잡을 일이 있습니다. 설마 제가 능력도 없이 폼만 잡는 파리스의 활에 맞아 죽은 거라 생각지는 않으시겠죠? 아폴론 신이 모습을 감추고 파리스 등 뒤에서 신궁을 쏜 것입니다. 신이 아니고 어찌 인간이 제 아킬레스건을 알 수 있겠습니까. 절대 불가능합니다. 그런데 듣자 하니 죽은 뒤 제 갑옷을 두고 경박한 오디세우스와 대 아이아스가 겨뤄 오디세우스가 또다시 말로 이겼다고 하더군요. 제 갑옷이 그나마 믿을만한 아이아스가 아니라 가볍기 그지없는 오디세우스에게 넘어가다니 정말이지 환멸스러울 뿐입니다. 그런데 이제 죽어 저승으로 가야 한다고 하는군요. 죽음 자체는 두렵지 않으나 미련한 하데스가 다스리는 저승 세계에서 아무 성취도 이루지 못하고 붙들려 있어야 한다는 건 생각만으로도 끔찍합니다. 하필, 신들 중에서도 그 느리고 굼뜬 하데스라니요. 하긴 헤라클레스같이 힘만 세고 무식한 인간을 신으로 받아들이는 걸 보면 올림푸스 신들 수준도 별거 아닌 것 같습니다. 살아서나 죽어서나 제 능력을 마음껏 펼칠 수 있다면 전 더 바라는 것이 없습니다. 그뿐입니다. "

화려한 성취주의 뒤에 가려진 개인주의적 삶

트로이 전쟁 최고의 명장인 아킬레우스는 테살리아의 왕 펠레우스와 바다의 여신인 테티스 사이에 태어났다. 원래는 제우스가 테티스에게 마음을 두었으나 여신의 아들은 그 아비를 능가할 것이라는 신탁에 기겁한 제우스가 테티스를 인간과 결혼시켰다. 고대 그리스에서 아비를 능가하는 아들은 곧 아버지의 권력을 쟁취하는 아들이란 의미로 인간이나 신들이나 아비라면 누구나 가장 두려워하는 신탁 중 하나이기 때문이다. 테티스는 인간과 사이에서 필멸의 존재로 태어난 아들을 스틱스 강에 담가 영원히 살아가는 신적인 존재로 바꿔 놓으려 하였으나 여신이 잡고 있던 발뒤꿈치에는 강물이 닿지 않아 치명적인 약점이 되었다. 아킬레스건의 유래가 시작되는 이야기이다.

아킬레우스는 어릴 적, 트로이 전쟁에 참가하면 불멸의 영웅이 되지만 단명할 것이고, 참가하지 않으면 평범하지만 오래 살 것이라는 신탁을 받았다. 당연히 아킬레우스는 전사로서의 삶을 선택했고 그 앞에 놓인 화려한 운명에 대한 기대감에 잔뜩 부풀었다. 그의 피는 절대 평범함에 안주할 수 있는 사내가 아니었다. 그런 만큼 자신과는 아무런 이해관계도 없고 적대관계도 아닌 트로이 전쟁에 뛰어들어서도 그리스 연합군을 대표하여 트로이 진영을 유린하며 가장 빛나는 무공을 세웠다. 아킬레우스는 헥토르조차 적수가 되지 않는 트로이를 마음껏 공략하여 풍요로운 재물들을 한가득 그리스 진영으로 가져왔다. 조국에서 멀리 떨어져 현지에서 모든 물자를 조달하며 싸워야 하는 그리스 측으로는 전방에서나 후방에서나 아킬레우스 한 사람에 거의 모든 것을 의존하다시피 했다.

그러나 대개 전리품은 총사령관이라는 지위를 앞세운 아가멤논이 차지했다. 오직 승리 그 자체가 목표이자 전리품인 아킬레우스는 아가멤논의 탐욕을 서늘한 시선으로 지켜볼 뿐이었다. 아폴론 신전 사제의 딸인 크리세이스 역시 그러했다. 원래는 아킬레우스가 전리품으로 데려온 여자였으나 그 미모를 보고 홀딱 반한 아가멤논이 강탈해갔다. 아버지인 사제가 딸을 찾고자 하는 마음에 용기를 내어 적지로 찾아가 아가멤논에게 사정하였지만 여자가 마음에 들었던 아가멤논은 화를 내며 돌려보냈다. 신전으로 돌아간 사제가 자신이 모시는 아폴론 신에게 이 사실을 고하며 도움을 요청하였다. 아가멤논이 자신을 모멸했다 여겨 화가 난 아폴론 신이 특유의 은궁을 들고 화살 통이 울릴 정도로 빠른 걸음으로 지상으로 내려와 그리스 진영에 독화살을 퍼부었다. 그리스 진영에 전염병이 돌기 시작하며 군인들을 물론 말들까지도 수없이 죽어나갔다.

그러나 총사령관인 아가멤논은 전쟁터에서 군인이 죽는 건 다반사요 말은 아킬레우스가 트로이군과 싸워서 가져다 줄 거라는 무책임한 말을 내뱉으며 자신은 사냥을 즐겼다. 한편 여신의 아들인 아킬레우스는 전염병의 원인이 아폴론 신의 분노라는 것을 파악하였다. 아킬레우스는 직접 아가멤논에게 말해봐야 총사령관이란 권위에 고집까지 센 그가 자신의 말을 믿지도 듣지도 않을 것이라고 생각하였다. 그의 성격상, 오히려 이런 일을 빌미로 총사령관 자리를 노리는 것이 아니냐 길길이 화만 낼 것이 뻔하였다. 자칫 문제는 해결하지도 못하고 불화만 초래할 상황이었다. 하지만 이 상황을 계속 방치하면 전투를 치르는 것이 어려운 것은 불론이고 조만간 이 사실이 트로이 군에 알려지면 전세가 역전될지도 모를 일이었다. 생각 끝에 아킬레우스는 예언가의 말이라면 아가멤논도 어찌할 수 없을거라 생각하고 장수들 전체 회의를 소집하여 그의 입을 빌려 사실을 밝혀내었다. 그럼에도 욕심 많은 아가멤논은 눈 하나 깜짝하지 않았고 아무도 그런 그에게 감히 여자를 돌려주라 말하지 못하였다. 더는 사태를 두고 볼 수 없었던 아킬레우스가 아가멤논을 바라보고 어린아이를 달래듯 차분히 말문을 열었다.

"명예로운 아트레우스의 아들이자 총사령관인 아가멤논이여. 그대는 명예를 아는 분이니 여자를 아버지에게 돌려주시오. 그럼 아폴론 신도 노여움을 푸실 것이고 우린 다시 승리할 수 있소. 그렇다면 내가 다시 전리품을 획득하여 이전보다 몇 배로 가져다 주겠소."

그러자 명예는 전혀 모르고, 그저 일단 자기 손에 들어온 것을 내주는 것이 아깝기만 한 아가멤논이 불같이 화를 내며 소리쳤다.

"뭐라? 내 손에 들어온 것을 다시 내놓으라고?! 내가 미쳤어, 내걸 내놓게?! 내가 미쳤겠냐고!"

결국 아킬레우스가 아가멤논의 끝없는 욕심에 역겨움이 치어올라 차가운 분노를 토해내었다.

"그대는 참으로 욕심 많고 뻔뻔한 자이군. 총사령관이라니 당치 않아. 애당초 그 자리가 탐이나 딸을 제물로 삼을 때부터 알아봤지. 트로이 인들은 내게 아무런 잘못도 하지 않고, 난 그들에게 아무 이익도 취하지 않아. 그럼에도 난 그대 형제와의 약속 때문에 지금 이곳에 있는 것이다. 내가 가장 힘든 전투를 할 때 무엇을 했지? 내가 전투에서 지친 몸을 이끌고 돌아올 때도 그댄 먼 발치에서 사냥이나 하며 구경을 했어. 그래 놓고 대개 전리품은 늘 그대 차지였지. 총사령관이란 작자가 전투는 나 몰라라 뒷짐지고 방관하다 전리품은 가장 먼저 달려 나와 허겁지겁 움켜쥐는 그대의 끝없는 탐욕은 참으로 지긋지긋하군."

다른 부하들 앞에서 자신의 욕심을 정면으로 지적당하자 아가멤논이 더욱 분기탱천하여 화를 쏟아내었다.

"뭐라고?! 저 저 저 작자 하는 말 좀 봐. 말 좀! 주면 될 거 아냐. 주면! 내가 그렇게 마음에 든다는데도 아폴론 신까지 들먹이며 여자를 내놓으라는 거잖아! 알았어. 그게 잘난 네 놈 소원이라면 그렇게 해주지. 대신 네 놈 여자를 내놔! 네가 그토록 아끼는 브리세이스를 내놓으라고!"

자신이 아끼는 브리세이스를 내놓으라는 말에 아킬레우스의 표정이 얼음장처럼 차갑게 변하며 자신도 모르게 칼 집에 손을 대었다. 그러자 이를 지켜보던 지혜의 여신인 아테네 여신이 슬쩍 아킬레우스의 어깨를 치자 손을 떼었다. 그러나 흥분한 아가멤논은 전혀 눈치채지 못하고 한마디를 더 덧붙였다.

"참, 전리품 몇 배로 가져다 준다는 거 절대 지켜야 해!"

씨늘하다 못해 경멸스럽다는 표정으로 아킬레우스가 마지막 한마디를 내뱉었다.

"지금까진 참고 참았으나 더는 그대의 그 역겨운 욕심을 참지 않겠어. 지금부턴 전투에서 빠질 테니 그대 마음대로 해봐. 단 두 번 다시 전투에서 날 볼 수는 없을 거야. 이것으로 그대와 난 끝이야."

미련하여 화밖에 낼 줄 모르는 아가멤논이 끝까지 허세를 부렸다.

"전투에서 빠지겠다고?! 마음대로 해, 마음대로! 전투가 두려우니까 비겁하게 변명은! 그리스 측 장군이 어디 너 하나인줄 아냐?! 널린 게 장군이다, 장군! 네 놈이 아무리 그래 봤자 총사령관은 나라고. 나! 오늘부터 네 여자는 내가 차지한다. 그래서 내가 얼마나 위대한지 그리스 군 전체에 똑똑히 알려주마! 그래야 네 놈도 그렇고 다른 놈들도 두 번 다시 내 면전에서 감히 주둥이를 함부로 놀리지 못할 테니까 말이야! 알겠냐고!"

이 사건 이후 아가멤논은 사제의 딸을 내놓는 대신 진짜로 아킬레우스가 가장 아끼는 연인, 브리세이스를 빼앗아갔다. 그러자 좋아하는 사람을 빼앗긴 비통함과 아가멤논에 대한 혐오가 목까지 차오른 아킬레우스 역시 자신이 뱉은 말 그대로 전투에서 빠지며 아가멤논과의 관계를 단절하였다. 전쟁의 신을 잃어버린 그리스 군은 사기가 크게 떨어졌다. 그러자 헥토르가 하늘이 내린 기회를 놓치지 않고 미친 듯이 그리스 군들을 도륙하며 그리스 진영 깊숙이 공격해 들어왔다. 안 그래도 그리스 측에서 트로이 막내 왕자를 전 트로이 인들이 보는 앞에서 발가벗겨 돌로 쳐죽여 약이 바짝 오른 트로이 군들 역시 헥토르와 함께 칼 춤을 추며 실컷 분풀이를 하였다. 여지껏 아킬레우스의 불 같은 공격에 밀려 수성에만 힘쓰던 트로이군의 전세가 역전되는 순간이었다. 당연히 그리스 군은 연전연패의 늪에 빠졌다. 역시 아킬레우스 없는 승리는 불가능하였다. 이대로라면 얼마 못 가 그리스 군은 재물은커녕 부상병만 잔뜩 싣고 빈손으로 돌아갈 처지로 몰렸다. 마침내 아가멤논이 고집을 꺾고 영리한 오디세우스 편에 금은보화를 들려 아킬레우스에게 보내 마음을 돌리려 했다. 오디세우스가 아킬레우스를 보자 마치 구세주를 만난 듯 외쳤다.

"어이~ 아우님~ 나 왔어~ 아우님 보고 싶어 이 오디세우스가 친히 납시었지~ 내가 무지하게 맛있는 술도 잔뜩 갖고 왔으니까 우리 오늘 코가 삐뚤어질 때까지 마셔보자고! 그리고 남자 대 남자, 사내 대 사내로 툭 터놓고 이야기도 하고 말이야!"

오디세우스 일행이 호들갑을 떨며 들어서자 아킬레우스가 그에게는 여전히 예를 갖춰 맞이하였다. 몇 잔의 술이 돌자 오디세우스가 본론을 꺼냈다.

"아우님. 그만하면 할 만큼 했으니까 이제 그만 마음 풀어~ 여자 하나를 갖고 대장부들끼리 왜 그래~ 아가멤논도 욱하는 성미가 있어서 그렇지 알고 보면 그리 못난 사내는 아니잖아. 할 땐 또 하는 화끈한 면도 있고 말이야. 그러니까 이번에도 브리세이스 다시 아우님 준다잖아. 그러니까 못 이긴 척~ 하고 받아들여. 손가락 하나 안 건드렸다잖아. 그럼 됐지 뭐! 안 그래?!"

"오디세우스님은 제가 왜 이러는지 전혀 헤아리지 못하시는군요. 브리세이스가 물건입니까? 줬다 빼앗기를 반복하게. 그리고 제가 밤잠 안자고 밤낮으로 전쟁터를 누비며 어미 새가 먹이를 물고 오듯 승리를 가져다 줄 때 그리스 장군들은 뭐 하셨습니까? 오디세우스님은요? 그럼에도 전 좋아하는 그녀를 차지하였기에 단 한번도 불평하지 않았습니다. 그건데 제가 진심인걸 알면서도 그녀를 강탈해가다니요. 아가멤논 그자의 무지막지함은 도저히 용서할 수 없습니다. 두 번 다시 저를 전투에서 볼 일은 없습니다."

한번 돌아간 아킬레우스의 마음은 요지부동이었다. 차가워진 그의 마음은 이미 그리스 동료들의 죽음 따위는 안중에도 없었다. 오히려 사흘 내로 고향으로 돌아갈 것이라 엄포를 놓기까지 하였는데, 그의 귀향은 곧 그리스 연합군의 완전한 패배를 뜻하였다. 이 소문이 트로이 진영에까지 흘러 들어가자 헥토르는 이때야말로 그리스 군을 트로이 땅에서 몰아낼 기회로 여기고 더욱 날카로운 공격을 퍼부었다. 조국을 지키겠다 목숨 걸고 사수하는 헥토르의 용맹 앞에선 아가멤논과 오디세우스 정도는 한낱 부상병으로 전락할 뿐이었다.

아침에 살아서 전투에 나간 동료들이 저녁이면 매일같이 시신이 되어 들 것에 실려오는 것을 보다 못한 파트로클로스가 친구인 아킬레우스에게 다시 전투에 참여해 줄 것을 사정하였다. 아킬레우스는 전쟁에서 완전히 발을 뺄 생각까지는 아니지만 아가멤논을 생각하면 아직은 마음이 돌아서지 않는다고 답하였다. 동료애 넘치는 파트로클로스가 아킬레우스의 투구와 갑옷을 빌려 입고 출전하겠다 나섰다. 그는 트로이 군이 아킬레우스 갑옷과 투구를 보면 겁이 나서 멀리 도망칠 것이라 여겼다. 그럼 그리스 군이 한숨을 돌려 부상병을 치료할 수 있고 그 사이 아킬레우스도 마음을 돌려주지 않을까 하는 절절한 마음에서였다. 파트로클로스를 끔찍이 생각하는 아킬레우스는 갑옷을 내주며 헥토르만 조심하면 다른 이들은 감히 곁에 오지 않아 목숨엔 지장이 없을 테니, 그자 곁에만 가까이 가지 말라 당부하였다.

정 많고 우직한 파트로클로스는 아킬레우스의 갑옷을 입고 적진 한 가운데로 뛰어들어 최선을 다해 적을 무찔렀다. 트로이 군사들은 아킬레우스의 갑옷을 보고 그가 다시 전투에 뛰어든 줄 알고 다들 겁에 질려 가까이 오지 못하였다. 하지만 동료애가 강하다 한들 전장에서 승패를 가르는 것은 정이 아닌 실력인 법. 아무리 아킬레우스의 투구와 갑옷을 쓰고 있어도 그 실력차이를 꿰뚫어보지 못할 헥토르가 아니었다. 헥토르는 파트로클로스를 발견하자 사냥감을 발견한 맹수처럼 쏜살같이 달려와 단숨에 창으로 그의 복부를 깊이 찔렀다. 파트로클로스는 맹수에게 공격 당한 사슴처럼 힘없이 쓰러져 그대로 숨을 거두었다. 기세가 오른 헥토르는 급기야 파트로클로스가 걸치고 있던 아킬레우스의 투구와 갑옷을 벗겨 전리품으로 삼았다. 그 전리품으로 인해 자신이 목숨을 내놓아야 한다는 사실을 모른 채….

친구였던 파트로클로스의 전사 소식을 전해들은 아킬레우스는 창자가 끊어지는 고통을 느꼈다. 설마 자신의 투구를 쓰고 있는 파트로클로스를 죽일거라고는 생각하지 못했기에 그 비통함은 더욱 컸다. 해안가 검은 먼지를 두 손 가득 움켜쥐고 머리에 뿌린 채 바닥을 뒹굴며 통곡하자 옆에 있던 장수가 행여 아킬레우스가 자살할까 칼을 빼앗았고, 바다 속 깊이 머물던 어머니 테티스 여신에게까지 전해졌다. 바다의 여신 테티스는 아들의 애끓는 통곡을 듣고 그가 다시 출전할 것을 예감하였다. 아들에게 출전하더라도 새로운 투구와 갑옷을 갖춘 뒤 나가라 일렀다.

여신은 올림푸스 신전으로 올라가 대장장이 신, 헤파이스토스에게 부탁하여 지금까지 인간 세계에선 볼 수 없는 휘황찬란하고도 아름다운 투구와 갑옷을 새로 만

들어 가져왔다. 새로운 갑옷이 준비되기까지 오직 침묵 속에 친구의 복수를 기다리던 아킬레우스는 결연히 일어섰다. 드디어 그리스 연합군 최고의 명장 아킬레우스와 트로이 군의 최고 용장 헥토르가 서로의 목숨과 조국의 앞날을 걸고 일대일 혈전을 벌이는 날이 다가온 것이다.

하지만 가족을 사랑하고, 동료를 아끼며 조국에 충성하는 트로이 전쟁 최고의 훈남, 헥토르는 아킬레우스의 적수가 될 수 없었다. 실력만으로 이미 아킬레우스가 한 수 위인데 친구의 죽음을 복수하겠다는 불타는 증오심에 찬 아킬레우스의 칼과 창은 불을 뿜었다. 마치 전쟁의 신이 하늘에서 내려와 소리 없이 달려드는 것 같았다. 도저히 아킬레우스의 칼을 정면으로 받을 수 없던 헥토르는 급기야 자신이 그토록 사랑하던 성을 세 바퀴나 돌며 도망을 치기에 이르렀다. 그러나 쫓는 자의 당당함이 쫓기는 자의 나약함을 압도하였다. 결국 분노에 찬 아킬레우스의 차가운 칼끝이 헥토르의 급소를 정확히 찔러 들어갔다. 헥토르는 숨을 거두며 아킬레우스에게 자신의 시신만큼은 아버지와 가족에게 보내 명예로운 장례를 치를 수 있도록 사정하였다. 하지만 연인에 이어 친구마저 잃은 아킬레우스는 이성을 잃고 트로이 인들이 보는 앞에서 죽은 헥토르의 발뒤꿈치를 뚫어 마차에 묶어 끌고 다니며 그를 욕보였다. 이 장면을 멀리서 지켜보던 헥토르의 아버지, 프리아모스 왕의 뺨에선 굵은 눈물이 흘러 내렸다. 그토록 믿음직하고 자랑스러운 트로이 최고의 용사이자 장남의 죽음치고는 너무 가혹했다….

프리아모스 왕은 주변 사람들의 만류에도 불구하고 노구를 이끌고 아킬레우스의 막사를 찾았다. 자신의 아들을 죽인 불구대천 원수인 아킬레우스의 무릎을 잡고 왕은 눈물 젖은 입을 떼었다.

"신과 같은 아킬레우스여. 부디 당신의 아버지를 헤아려 이 늙은 아비의 마음을 받아주소서. 그대의 아버지는 아들이 살아있지만 나는 이 전쟁에서 거의 모든 아들들을 잃었소. 그 중에서도 헥토르는 트로이를 지켜주던 유일한 버팀목이었소. 이제 트로이는 더는 가망이 없소. 이제 이 늙은이의 마지막 소원은 그 아이를 편히 보내주는 것이오. 그래야 나도 눈을 감을 수 있지 않겠소. 용사여, 부디 아들을 죽인 이에게 눈물로 호소해야 하는 나를 불쌍히 여겨 그 아이의 시신을 돌려주어 장례를 치르게 해주오. 제발 부탁이오."

이에 아킬레우스도 모든 것을 다 가지려 발버둥치지만 아무것도 가질 수 없는 인간의 비애 앞에 헥토르의 아버지와 손을 맞잡고 서럽게 흐느꼈다. 그에게 프리아모스는 더는 적군이 아니었다… 그리고는 헥토르의 시신을 깨끗이 씻어 살아있을 때처럼 고이 돌려보낸 뒤 그의 장례를 치를 동안 잠시 휴전을 선포하였다. 트로이 측이 편히 장례를 치를 수 있도록 하기 위한 배려였다. 이윽고 헥토르의 성대한 장례식이 끝난 후 산 자들은 또 다른 죽음을 재촉하는 전투를 시작하였다. 더불어 신탁이 예견한 신과 같은 아킬레우스의 마지막도 서서히 다가오고 있었다.

아킬레우스의 마지막에 대해서는 파리스가 쏜 화살에 맞아서 죽었다는 이야기가 가장 일반적이다. 또 다른 일설에 의하면 신전을 어지럽힌 아킬레우스를 괘씸히 여긴 아폴론 신이 신궁으로 그의 목숨을 거두었다는 이야기도 전해온다. 아킬레우스가 트로이 전쟁 초반, 트로이 왕자들 중 한 사람을 발견하고 뒤를 쫓았다. 다급해진 왕자가 아폴론 신전으로 피신하였다. 고대에는 아무리 전쟁 중이라고 해도 신전으로 도망치면 그곳은 신의 영역인 만큼 더 이상 쫓지 않는 것이 불문율이었다. 하지만 아킬레우스는 자신의 능력을 과신한 끝에 왕자를 쫓아 아폴론 신전으로 쫓아 들어가 아폴론 신에게 빌빌 빌며 도움을 청하는 왕자를 마치 제물을 죽이듯 한 칼에 죽여버렸다.

　그러자 아폴론 신이 아킬레우스의 오만함을 기억했다 인간은 도저히 찾을 수 없는 그의 치명적 약점인 아킬레스건을 찾아 신의 화살로 그의 목숨을 거두었다고 한다. 가히 트로이 전쟁 최고의 영웅, 아킬레우스에게 어울리는 최후였다.

　그의 명성은 죽음 이후 더욱 빛을 발하며 고대 예술가들이 그리스 신화를 다룰 때 가장 많이 이야기를 전하는 인물 중 한 사람이다. 특히 그의 사후 얼마 뒤 등장하여 그리스인으로서는 전 유럽은 물론 동방까지 정복한 알렉산드로스 대왕조차 아킬레우스를 흠모하여 롤 모델로 삼았다고 한다. 이처럼 아킬레우스는 탁월한 실력으로 세운 빛나는 업적 위에 친구와 연인을 향한 애절함까지 더해져 현대 예술가들 사이에서도 가장 사랑받는 그리스 신화 속 인물들 중 하나로 그 명성을 이어가고 있다.

에니어그램으로 본
아킬레우스 유형 분석

유형 특성

에니어그램으로 볼 때 아킬레우스는 관계를 통해 자신의 존재 이유를 찾는 감성형이다. 감성형들은 좋아하는 사람들로부터 충분한 관심과 애정을 받아 그것으로 존재의 이유를 삼으려는 공통점을 지니고 있다. 감성형 중 아킬레우스는 외부로 쓰는 에너지와 안으로 쓰는 에너지가 팽팽히 맞서는 3유형, 감성 균등형이다. 감성 균등

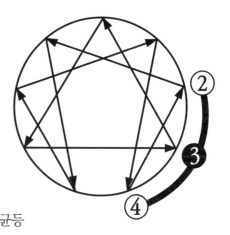

형들은 안팎으로 쓰는 에너지가 팽팽히 맞서며 표면적으로는 감성형 특성이 사라지며 오직 성취에만 몰두하는 성취주의자적인 면모를 보이게 된다(그래서 표면적 특성만으로는 모든 에니어그램 유형 중 아킬레우스 유형 찾기가 가장 어렵다. 자신들을 아킬레우스 유형이라 여기는 이들은 아닐 가능성이 높은 반면, 대개 아킬레우스 유형들은 절대 자신들이 감성형일 것이라 상상조차 하지 못하는 경우가 많다). 그러나 아킬레우스 유형이 감정마저 외면한 채 성취에 몰두하는 이유야말로 자신들이 좋아하는 사람들로부터 인정받고 사랑받기 위함이다. 한마디로 아킬레우스 유형은 능력을 발휘하여 결과물을 내놓고 자신이 좋아하는 사람들로부터 관심과 애정을 받아 자신들의 존재 이유를 찾으려는 유형이다.

아킬레우스는 트로이 전쟁의 승패를 좌우하는 트로이 전쟁 최고의 영웅이다. 그런데 아가멤논이 연인인 브리세이스를 빼앗자 다른 동료들은 죽던 말던 신경 쓰지 않고 전투에서 빠진다. 그러다 친구가 죽자 다시 전투로 복귀한다. 즉, 수많은 사람들이 목숨을 걸고 싸우는 전쟁터에서 다른 영웅들과는 달리 아킬레우스는 유독 사람에 의해 전쟁터를 오고 간다. 힘의 우위를 중시하는 장형이나 사회적 질서를 중요시하는 사고형은 행하기 어려운 감성형, 그중에서도 아킬레우스 유형만의 특성이라 할 수 있다. 이처럼 아킬레우스 유형은 겉으로는 굉장히 치밀한 성과주의자들처럼 보이지만 실제로 그(녀)들의 삶은 자신들이 좋아하는 사람에 의해 소리 없이 일렁이고 있을 가능성이 높다. 한마디로 아킬레우스 유형은 자신들이 좋아하는 몇몇 사람들로부터 사랑과 인정을 받기 위해 인생의 나머지 부분은 죄다 멀리한 채 오직 성과물을 만들기 위해 전력 질주하는 유형이다. 그런 만큼 현대 아킬레우스의 후예들 역시 자신의 분야에서 그 어떤 유형보다 자신감을 뿜어내며 탁월한 성과를 낼 가능성이 높다.

한편 아킬레우스는 친구를 죽인 헥토르의 시신을 끌고 다니며 모욕한다. 고대 장수들 사이에서 있을 수 없는 일로 평상시 아킬레우스같으면 상상할 수 없는 일이다. 이는 아킬레우스 유형의 자신이 좋아하는 사람들의 경우 (단순히 헥토르를 죽이는 것만으로는 마음이 풀리지 않을 정도로) 지독히 아끼는 지극히 개인주의적 특성을 잘 보여주고 있다. 그런가 하면 헥토르의 늙은 아버지가 노구를 이끌고 와 눈물로 사정하자 함께 울며 헥토르의 시신을 고이 내어준다. 거기다 편히 장례를 치르라 며칠간 휴전까지 한다. 시신을 모욕한 사람이 맞는가 싶을 정도이다. 이처럼 아킬레우스 유형의 내면에는 감성형답게 다양한 감정선이 흐르는데 본인들은 잘 인식하지 못한다. 감성 균등형으로서 (성취를 향해 달리는데) 감정은 방해가 된다 눌러놓았기 때문이다. 한마디로 아킬레우스 유형은 자신과 타인의 감정까지 배제한 채 (스스로도 인식하지 못하지만) 자신들이 좋아하는 소수의 사람을 위해 성취를 위해 질주하다 (너무 과한 질주로) 정작 자신들이 사랑하는 사람들조차 잃을 가능성이 높은 유형이다.

긍정적 측면

'선택과 집중'하는 성취주의자

아킬레우스는 그리스 연합군 아니 트로이 전쟁 전체를 통틀어 가장 뛰어난 실력을 자랑한다. 그에게는 그리스 영웅들 중에서도 이런저런 괴물을 퇴치하는 헤라클레스나 10년 넘게 바다 이곳저곳을 헤매고 다니며 다양한 것에 관심을 보이는 오디세우스와는 달리 딱 하나, 트로이 전쟁 그 뿐이다. 게다가 전쟁 중에도 전쟁보단 잿밥에만 관심 많은 아가멤논이나 전쟁 중에도 이 사람, 저 사람 신경 쓰는 헥토르와는 달리 아킬레우스는 오직 전투에서의 승리, 그 뿐이다. 이는 아킬레우스 유형이 어떻게 탁월한 성취주의자가 될 수 있는지를 상징적으로 잘 보여주고 있다. 즉 아킬레우스 유형은 자신이 선택한 하나에 무서울 정도로 집중하여 효율적으로 성취를 이뤄낸다. 그런 만큼 현대 아킬레우스 후예들도 한가지 분야를 택해 효율적인 성취를 이루며 스페셜리스트의 길을 추구하고 있을 가능성이 높다.

때를 기다릴 줄 아는 자기통제력

아킬레우스는 친구인 파트로클로스가 자신의 갑옷을 입고 나간 전투에서 헥토르에게 죽임을 당하자 옆의 장수들이 따라 죽을까 두려워할 만큼 슬퍼한다. 헤라클레스나 오디세우스 같은 외향형들은 당장 전투장으로 뛰어나갈 상황이다. 그러나 아킬레우스는 바다의 여신인 어머니가 투구와 갑옷을 새로 만들어올 때가지 기다리라고 하자 자분히 뒤로 물러선다. 한편 아가멤논과 지열한 인쟁을 벌이다 그기 지신의 여자를 강탈하겠다 하자 칼집에 손을 댄다. 그럼에도 아테네 여신이 살며시 어깨를 치자 손을 뗀다. 이 두 장면은 아킬레우스 유형이 눈부신 성취주의자가 될 수 있는 중요한 요인 중 하나인 '때를 기다리는 자기통제력'을 잘 보여주고 있다. 아테네 여신은 여신 중 지혜 혹은 이성의 상징이다. 즉 장형이나 외향형이 자칫 흥분하여 뛰쳐나갈 상황이나 반대로 사고형이 우물쭈물 생각만 하다 때를 놓치는 것과는 달리, 아킬레우스 유형은 자신이 나아갈 때, 물러설 때는 잘 파악하여 행동하는 자기통제력이 뛰어난 유형이다(심지어 꼭 성과를 내야 하는 상황이 아니면 되려 조용히 뒤로 물러나 스스로 존재감을 드러내지 않는 경우도 많다). 그러므로 현대 아킬레우스의 후예들 역시 자기통제력을 발휘하며 끊임없이 필살기를 갈고 닦으며 때를 기다리고 있을 것이다. 빛나는 성과를 낼 그 순간을 위하여.

카멜레온 같이 변신하는 융통성

아킬레우스는 여신의 아들로서 그리스 진영에 전염병의 원인이 아가멤논에게 화가 난 아폴론 신이 내린 벌임을 알고 있었다. 그러나 그 사실을 아가멤논에게 직접 말하지 않고 예언가를 내세워 우회적으로 밝힌 뒤 가능한 어린아이달래듯 달래려 한다. 그런가 하면 헥토르의 시신을 모욕해놓고 헥토르의 아버지가 와서 돌려달라 사정하자 함께 울고는 시신을 돌려준다(사고형같으면 애당초 상대의 시선을 의식해 그 정도로 모욕하는 일은 하지 않겠지만, 만약 그런 후에도 함께 울거나 상대를 감정적으로 어루만져주는 것은 하지 못할 가능성이 높다). 이는 아킬레우스 유형이 (자신도 인식하지 못하며) 풍부한 감성까지 발휘하며 다양한 방법을 구사하는 융통성을 발휘하며 앞으로 나아가는 모습을 잘 보여주는 장면들이다(다만 이런 융통성은 양날의 검으로 자신은 오직 목표를 향해 달리며 감성까지 발휘하며 전술을 바꾸지만 함께 하는 이들에겐 종잡을 수 없는 변덕으로 느껴질 수도 있다). 아킬레우스의 후예들 역시 양손엔 당근과 채찍을 들고 자신은 카멜레온처럼 변신하며 성취를 향해 달리고 있을 가능성이 높다.

부정적 측면

신과도 겨루는 오만함

트로이 전쟁 초기 아킬레우스는 아폴론 신전까지 뛰어들어가 트로이 왕자를 죽인다. 이는 고대 장군들로서는 상상하기 어려운 일로서 아킬레우스의 오만함이 어느 정도인지 잘 보여주는 장면이다. 그래 놓고 자신의 죄는 잊은 채 아가멤논의 불경죄는 아폴론 신에게 용서를 구하라 한다(그러나 아킬레우스가 결국 아폴론 신에 의해 최후를 맞이하였음을 잊으면 안되겠다). 그런가 하면 또 다른 아킬레우스 유형인 아라크네는 직물 짜기에 있어선 아테네 여신도 이길 수 있다며 여신에게 도전했다 지고는 벌을 받아 거미가 되었다.

이는 아킬레우스 유형의 오만함을 두 가지 측면에서 보여주고 있다. 첫째 아킬레우스 유형은 스스로의 능력을 자신하여 신에게 도전할 정도로 오만하다. 둘째, 아킬레우스 유형은 스스로의 능력을 신으로부터 인정받고 싶은 우월감이 있다(즉 아킬레우스 유형은 능력 제일주의자들로서, 자신들이 인정하는 사람들로부터 인정받고 싶어 하는 강한 욕구가 있다). 그러나 하늘 아래 절대적인 것은 절대 없다. 생물계에는 누구나 천적이 있고 공생하며 살아야 하는 순리가 있다. 그러므로 현대 아킬레우스의 후예들도 벼는 익을수록 고개를 숙인다는 말을 명심, 또 명심하여 빳빳이 치켜든 고개를 내릴 필요가 있다. 자칫 거미가 되지 않도록 말이다.

성취를 위한 성취주의자들

오디세우스가 바다를 헤매다 고향을 돌아가기 전 예언가인 테이레시아스를 만나러 저승을 방문했다 죽은 아킬레우스를 만났다. 죽어서도 영웅의 모습인 아킬레우스를 보고 반가운 마음에 오디세우스가 당신은 죽어서도 영웅답다고 칭찬을 하였다. 아킬레우스가 아무것도 하지 못하는 저승에서 영웅이 되느니 차라리 품팔이를 해도 뭔가를 할 수 있는 지상이 낫다고 한다. 정말이지 티끌만한 성과라도 내지 않고는 살 수 없는 아킬레우스 유형을 잘 보여주는 이야기이다. 이들에겐 헤라클레스의 정의감이나 안티고네의 신념이 없다. 헥토르의 공동체 수호 정신도 없다. 오직 성취만이 목표이자 정의고 신념이다. 한마디로 결과로만 말하는 사람들로서 늘 성취 혹은 성공한 이미지를 보여주려는 유형이다(이와 같은 이유 때문에 감성형임에도 아프로디테 같은 친근함이나 오르페우스의 멜랑콜리한 분위기도 없이 오히려 다가가기 어려운 절제된 모습을 유지하며 그 어떤 유형보다 감성형으로 느껴지지 않기도 한다).

아킬레우스 유형은 자신들이 사랑하는 이들을 위해 빛나는 성취를 이루려다 과속 엔진을 늦추지 못해 나중에는 누구를 위해, 무슨 성취를 이루려는 건지 목적을 잃고 무조건 달리기도 한다. 맹목적으로 성취를 위한 성취의 덫에 빠지는 순간이다. 그러다 만약 (자신들이 너무 바빠) 좋아하는 이들과 관계가 틀어지기라도 하면, 역시 믿을 건 성취밖에 없다며 또 다시 일에만 매달리는 악순환에 빠져 이전보다 더욱 무한질주를 하다 자칫 공허함에 빠질 수도 있다. 어쩌면 이 시간에도 나 홀로 질주하고 있을 아킬레우스 후예들의 단점중의 하나이다.

공동체 의식이 결여된 개인주의자

아킬레우스는 그리스 최고 영웅임에도 불구하고 전쟁에서 연인 때문에 빠졌다 친구 때문에 다시 뛰어든다. 얼핏 굉장히 로맨티스트인 듯도 하고 휴머니스트적인 것도 같은 아킬레우스의 이런 모습에는 개인주의가 자리잡고 있다. 사실 아킬레우스는 고향에 아내가 있다. 그러므로 아무리 자신의 연인을 빼앗았다고 해도 (그 여인이 정실 부인도 아닌데) 총사령관 아가멤논을 모든 장수들이 지켜보는데 모욕하고 전장에서 빠지는 행위는 의리를 중요시 여기는 장형이나 사회적 질서와 책임과 질서를 중요시하는 사고형에게선 찾아보기 힘든 일이다. 그런가 하면 자신의 갑옷을 입고 전투장에 달려가는 친구에게 다른 이들 모두 죽더라도 너만은 살아 돌아오라고 한다. 여기서 다른 모든 이들에는 트로이 인들은 물론이고 같은 편인 그리스 측 군사들도 포함된다. 즉, 아킬레우스 유형에겐 자신이 인정하거나 사랑하는 소수의 사람들만 중요하고 그들을 위해서만 움직일 뿐 그 외 사람들은 그저 그림자에 불과하다. 여기엔 그 어떤 공동체적 책임감도 없이 극단의 개인주의로 흐를 가능성이 농후하다. 멋있는 듯 전혀 멋있지 않은 아킬레우스 후예들의 가장 치명적 단점이 될 수 있는 부분이다.

에니어그램으로 본 아킬레우스 유형의 성장 포인트
내가 아킬레우스의 후예라면

아킬레스건이 끊어지기 전에 겸손해지기

늘 겸손한 헥토르였다면 아폴론 신에게 맞서는 일은 꿈도 꾸지 않았을 것이다. 게다가 그러면 군 전체를 생각해서 이유불문 자신 혼자 전투에서 빠지는 일은 상상도 하지 않았을 것이다. 만약 아킬레우스가 헥토르의 겸손을 반만 닮아 있었어도 가장 사랑하는 친구를 잃지 않았을 것이고 어쩌면 트로이 전쟁 자체의 흐름이 달라졌을지도 모를 일이다. 물론 무엇보다 그 자신이 아폴론 신의 노여움을 사 단명하는 일도 없었을 테고. 이처럼 아킬레우스 유형의 가장 급한 첫 걸음은 뭐니뭐니해도 겸손해져야 한다는 점이다. 사실 감성형, 그중에서도 감성 균등형인 아킬레우스 유형의 오만함은 겉으로 쉽게 드러나지 않는다. 그럼에도 이들은 마음 속으로 사람들, 그중에서도 자신들 생각에 (분야나 지위에 상관없이) 능력이 부족하다 여기는 사람들을 무시하는 경향이 강하다. 그러나 아킬레우스의 유형이 제일 먼저 깨달아야 할 건 세상에는 나보다 능력이 뛰어난 사람들이 많고도 많다는 사실이다. 그러므로 아킬레우스 후예들은 (차분하지만 의외로 이성의 힘이 약하기에) 이성의 힘을 빌려 나보다 잘난 사람들을 손꼽아 보자. 순식간에 열 손가락이 모자라는 건 물론이고 수많은 별처럼 헤아릴 수조차 없다. 그러니 고개를 숙이도록 하자. 자칫 보이지 않는 곳에서 아폴론 신의 화살이 아킬레스건을 관통하기 전에 말이다.

누구를 위한 성취인지 점검해보기

아킬레우스는 왜 트로이 전쟁에 참가했을까? 아킬레우스는 트로이와 아무런 이해관계가 없다. 게다가 자신의 말로는 아가멤논 형제에 대한 의리 때문이라고 하지만 전혀 의리의 관계로 보이지 않는다. 설득력이 없다. 이는 맹목적 성취주의의 한 단면으로서 현대 아킬레우스의 후예들이 깊이 생각해봐야 할 포인트이다. 나는 왜 달리고 있을까? 누구를 위하여? 무엇 때문에? 대개 아킬레우스 후예들이 언뜻 답하지 못하는 부분이다. 즉 아킬레우스 유형은 (자신이 좋아하는 사람의 인정을 받기 위해 달리는 것임을 인식하지도 못한 채) 달리기 위해 달리는 사람들이다. 자칫 커다란 존재적 상실감과 공허함에 빠지기 전에 달리는 속도를 한 박자 늦출 필요가 있다.

그러므로 아킬레우스 후예들의 경우, 질주 본능상 단박에 달리는 것을 멈추기는 어렵겠지만 서서히 내가 왜 달리는지부터 생각해보도록 하자. 과연 나는 달리는 여정이 행복한지, 성취를 이루었을 때 진정한 충만감에 뿌듯한지. 내 느낌이 어떤지 내 감정이 어떤지 들어보도록 하자. 그럼 감성형임에도 아주 오래 감성을 무시하고 눌러온 만큼 놀라울 정도의 감정들이 (특히 큰 슬픔이) 한꺼번에 밀어 닥칠 수도 있다. 그렇게 (감성형이지만 성취를 위해 눌러놓은) 내재된 다양한 감성들이 한바탕 휘몰아치며 올라오면 비로소 그때부터 자신이 진정 좋아하는 일을 향한 실마리를 찾을 수 있게 된다. 능력 제일주의자인 아킬레우스의 후예들이 자신들이 좋아하는 일을 찾게 되면 누구보다 탁월한 능력으로 또 다른 성취를 만들어가되 이제는 가슴 깊이 차오르는 충만감까지 느끼며 앞으로 나아갈 수 있게 된다. 아킬레우스 후예들의 성장을 위한 큰 전환점이다.

함께 성장하기

아이러니하게도 아킬레우스 유형의 성장 포인트는 그가 적수도 되지 않는다 무시했던 트로이의 적장 헥토르이다. 헥토르는 자신의 안위보다는 자신이 속한 공동체를 수호하기 위해 최선을 다해 명예로운 삶을 살다 최후를 맞았다. 개인주의 아킬레우스 유형에게선 찾아보기 힘든 삶이다. 하지만 감성형인 아킬레우스의 후예들은 자신들이 정작 원하는 삶이 바로 사람들과 더불어 사는 삶임을 깨달을 필요가 있다. 다만 이들은 그 사람들을 자신이 좋아하는 소수의 사람들로 한계 지어 놓고 오직 그들을 위해서만 살며 그들로부터 자신들이 필요한 모든 애정을 공급받으려 한다. 하지만 사람의 관계는 변한다. 무엇보다 아킬레우스 유형이 좋다고 여기는 그 소수의 사람들도 결국 감성형들 공통으로 빠져있는 자기환상일 가능성이 높다.

그러므로 탁월한 능력을 활용하여 다양한 사람들과 어울려 한 가지 일을 도모해 보자(이때, 자기 혼자 결과물을 내선 안 된다는 룰을 정하고 시작하자. 절대적으로 협업에 의한 결과물이어야 한다). 처음에는 자신이 가장 뛰어나다는 생각이 들며 함께하는 이들이 답답하게 느껴질 수도 있다. 그러나 하루 한가지라도 좋으니 함께 하는 이들의 의견을 받아들여 보도록 하자. 성취주의자인만큼 결과물이 달라지는 것을 금방 느낄 수 있을 것이다. 한걸음 더 나아가 타인의 장점은 살려주고 다소 뒤쳐지는 부분은 용기를 주자(아킬레우스 유형은 그 자신 성취주의자로서 마음만 먹으면 당근과 채찍을 동시에 사용하며 타인의 성장을 끌어내는 능력 또한 탁월하다). 그렇게 작은 프로젝트를 통해서라도 함께 성장하고 함께 결과물을 만들어 내는 것을 직접 경험해보면 이전에 홀로 달릴 때보다 훨씬 깊은 충만감을 느낄 수 있게 된다.

아킬레우스의 후예들이 지금까지 갈고 닦은 탁월한 능력을 개인의 이익만이 아니라 자신들이 속한 크고 작은 공동체를 위한 공공의 선으로 확장할 수 있으면, 비로소 이전보다 의미 깊은 사회적 성취를 이룰 수 있게 된다. 개인주의자들이지만 능력은 탁월한 아킬레우스 유형이 공동체 전체의 성장을 자신들의 성장 목표로 삼으면, 그들이 속한 집단이나 단체 전체가 성장하며 더 큰 꽃을 피워낼 수 있다. 비로소 개인주의 아킬레우스가 헥토르의 공동체 수호 정신까지 받아들여 타자와 함께 성장하며 사회적 단계에서 더 깊고 그윽한 성취를 이루는 삶으로 전환하는 순간이다.

아킬레우스 유형을 위한 **성장 TIP!**

헥토르의 공동체 정신

에필로그

직접 책을 쓰기 전에는 나 혼자 책 한 권을 다 쓰는 단독 집필보다 여럿이 조금씩 나눠서 쓰는 공저가 훨씬 쉬울 거라 생각했다. 하지만 쉽게 책 한 권을 쓰고 싶다는 내 얄팍한 생각은 첫 공저 참여에서 무참히 깨지고 말았다. 공.저.가 훨씬 어렵다! 이유인즉, 단독 집필은 모든 걸 나 혼자 결정하고 나 혼자 써 내려가면 되니까 홀가분하다. 무엇보다 공저자 여러 명의 의견을 일일이 묻거나 조율하지 않아도 되니 훨씬 효율적이다. 당연히 공저보다 시간도 훨씬 적게 든다. 그런 이유로 가급적 공저를 피하고 싶은데 인생이란 참 묘한 것이 피할수록 더 하게 된다. 마치 운명이 나를 놀리는 것 같다. 그런데 놀랍게도 그 해답을 그리스 신화 속 내 유형의 영웅 이야기를 통해서 깨닫게 되었다.

글쟁이가 되어 꽤 여러 권의 책을 써오고 있는데 이번 책은 그중에서도 단연코 가장 힘들었다. 그리스 신화라는 엄청난 소재를 에니어그램에 녹여내기 위해 공저자는 물론 여타 연구원들의 제3의 의견까지 들으며 책을 썼다. 그러다 보니 공저 모임은 늘 트로이 전쟁터를 방불케하였다! 장형들은 불을 뿜고, 사고형들은 움츠러들고 감성형은 삐쳤다. 진행하는 내내 그만두고 싶은 마음이 하루도 들지 않는 날이 없었다. 그러다 문득 협업에 가장 취약한 사람이야말로 바로 나 자신임을 깨닫게 되었다.

여러 사람이 함께 모여 협업을 한다는 것은 당연히 여러 의견들이 오갈 수밖에 없는 일인데 도대체 내가 뭘 기대했던 거지… 하는 생각이 들었다. 더군다나 나 한 사람의 단독집필이 아닌 우리 모두의 공동 저작이라면 응당 공저자들의 의견이 충분히 반영되는 것이 당연한 일이었다. 문제는 그들이 아니라 그들을 바라보는 내 시선과 그들을 대하는 내 태도였다.

에니어그램을 공부하는 가장 큰 이유는 다음 두 가지인 것 같다. 하나는 내 스스로의 진짜 모습을 아는 것이고, 또 하나는 다름을 포용하는 것. 하지만 머리로 아는 것과 일상에서 적용하는 것은 하늘과 땅만큼이나 거리가 먼 일인 것 같다. 내가 어떤 유형인지를 안다고 하루아침에 내 인생이 달라지진 않는다. 하지만 이제는 예전의 습관처럼 사람들과의 관계 속에서 허우적거리면 최소한 왜 그러는지 〈알아차리기〉는 되는 것 같다. 그리하여 타인을 바꿀 수는 없지만 그들을 대하는 나의 시선과 태도는 가다듬을 수 있다. 그런데 놀라운 건 바로 거기서부터 새로운 세계가 시작된다. 지금까지는 경험하지 못했던 아름다운 세상이 비로소 내 앞에 열리기 시작한다.

지금까지처럼 앞으로도 살면서 사람들과의 관계는 늘 어렵고 힘든 과제일 거란 생각이다. 하지만 이젠 그리스 신화 속 영웅들의 삶을 나침반 삼아 나를 이해하고 타인을 다독이며 우리들의 삶을 향해 한 걸음씩 더 걸어가려 한다. 그리스 신화 속 그 어떤 절세 영웅도 홀로 살다간 이는 없다는 것, 그것이 어쩌면 이 책을 쓰면서 내가 깨달은 가장 깊은 배움이다. 결국 사람들은 누구나 네가 있음으로 나도 있을 수 있기에 우리로서 살아가야 하는 존재들이다. 그러므로 이 책을 읽는 모든 분과 다 함께 따뜻한 세상을 만들어가며 살아가기를 다시 한번 소망해본다.

헤라클레스가
에니어그램을
알았더라면

인간학의 원전, 그리스 신화에서 건져 올린
9가지 유형의 인생이야기

발행일	2020년 2월 22일
지은이	수희향
일러스트	이제희 · 최지은
펴낸이	최민서
기획	추연민
책임 편집	신지항
펴낸곳	(주)북페리타
등록	315-2013-000034호
주소	서울시 강서구 양천로 551-24 한화비즈메트로 2차 807호
대표전화	02-332-3923
팩시밀리	02-332-3928
이메일	bookpelita@naver.com
값	17,000원
ISBN	979-11-86355-08-4 (03180)

이 도서의 국립중앙도서관 출판예정도서목록(CIP)은 서지정보유통지원시스템
홈페이지(http://seoji.nl.go.kr)와 국가자료종합목록 구축시스템(http://kolis-net.
nl.go.kr)에서 이용하실 수 있습니다. (CIP제어번호 : CIP2020006321)